心态积极精神好

心力强大有担当

中共中央党校党建部创新工程

新时代干部心理能力建设书系

★

胡月星 主编

健康心态需要自我认知

曹颖　陈宗波 ／ 著

SPM

南方出版传媒

广东人民出版社

· 广州 ·

图书在版编目（CIP）数据

健康心态需要自我认知／曹颖，陈宗波著. —广州：广东人民出版社，2021. 5

（新时代干部心理能力建设书系／胡月星主编）

ISBN 978-7-218-14430-6

Ⅰ. ①健… Ⅱ. ①曹… ②陈… Ⅲ. ①领导人员—自我评价－认知能力－能力培养 Ⅳ. ①C933.41 ②B848

中国版本图书馆 CIP 数据核字（2020）第 153396 号

JIANKANG XINTAI XUYAO ZIWO RENZHI

健康心态需要自我认知

曹　颖　陈宗波　著

出 版 人：肖风华

责任编辑：卢雪华　李宜励
装帧设计：闽江文化
责任技编：吴彦斌　周星奎

出版发行：广东人民出版社
地　　址：广州市海珠区新港西路 204 号 2 号楼（邮政编码：510300）
电　　话：(020) 85716809（总编室）
传　　真：(020) 85716872
网　　址：http://www.gdpph.com
印　　刷：广东虎彩云印刷有限公司
开　　本：787 mm ×1092mm　1/16
印　　张：12.375　字　数：160 千
版　　次：2021 年 5 月第 1 版
印　　次：2021 年 5 月第 1 次印刷
定　　价：37.00 元

如发现印装质量问题，影响阅读，请与出版社（020－85716849）联系调换。
售书热线：020－85716826

《新时代干部心理能力建设书系》编委会

参与研究及支持单位

中共中央党校（国家行政学院）

中国浦东干部学院

中共国家税务总局党校（国家税务总局税务干部学院）

中共北京市委党校（北京行政学院）

中共丽江市委党校（丽江市行政学院）

中国健康管理协会

中国领导科学研究会

中国人才研究会

中国健康管理协会公职人员心理健康管理分会

残疾人事业发展研究会心理健康专业委员会

广州市干部健康管理中心

红色地标（北京）领导力研究院

西安思源学院新发展理念与领导力研究中心

总　　序

　　建设高素质专业化干部队伍，不仅包括思想建设、作风建设、组织纪律建设，还应当包括心理能力建设。我们党的干部队伍，不仅要政治过硬，本领高强，还要心理健康。习近平总书记在党的十九大报告中强调，"打铁必须自身硬"，这个"自身硬"既包括信念坚定、思想领先、作风顽强，还包括心理能力素质过硬。2018 年 5 月，中共中央办公厅印发《关于进一步激励广大干部新时代新担当新作为的意见》，其中明确要求，要"满怀热情关心关爱干部。坚持严格管理和关心信任相统一，政治上激励、工作上支持、待遇上保障、心理上关怀"，同时明确要"关注干部心理健康"。在同年召开的全国组织工作会议上，习近平总书记进一步强调，要"真情关爱干部，关注干部身心健康"。此后，中共中央组织部又专门下发《关于认真做好关心关怀干部心理健康有关工作的通知》，对做好干部心理健康有关工作提出了明确、具体的要求。这一系列举措的出台，既体现了中央对干部心理健康工作的重视，也折射了加强干部心理健康工作的重要性与紧迫性。

　　心理能力本质上就是一种心理能量，是一种面对现实、追求目标、克服困难、完善自我、积极向上的内在力量。积极心理学研究认为，乐观向上的精神状态、主动积极的工作态度、认真负责的专业精神、知难而上的信心勇气、矢志不移的奋斗追求等是组织与个人取得成就或成功的根本所在。把心理能力建设纳入到加强党的干部队伍自身建设中，对于增强党的凝聚力与战斗力，激发各级领导干部心理活力，营造风清气正良好政治生态环境，都是至关重要的。

　　鉴于此，《新时代干部心理能力建设书系》从新时代建设高素质专业化干部队伍的客观需要出发，从构建社会心理服务体系能力建设的目标要求入手，围绕如何提升领导干部心理能力这个主题，从领导干部心理健康及其维护的各个层面进行了有益探索。其目的在于进一步增进领导干部心理能力发展水平，培育健康积极的心态，为提升领导干部的领导力提供动力支持。《新时代干部心理能力建设书系》着眼于当下领导干部心理健康发展的实际需要，从心理学、领导科学、社会学乃至医疗健康等学科视角对心理健康问题进行了全面深入的解析。这套丛书特色鲜明，亮点突出，针对性强，实用度高，是对干部心理健康进行深入细致研究的系统性创新理论成果，为大家深入认识心理健康、开展自我心理调节、提高心理灵活性、增强积极心理能力等方面提供科学有效的帮助指导。本丛书的突出特点体现在以下几个方面：

　　一是贴近实际。丛书以各级干部为研究对象和服务对象，聚焦当下领导干部的心理问题，提出了具有针对性的对策建议。透过《把握心理健康的金钥匙》《增强积极心理能量》以及《变革时代的心理适应与发展》的深入阐述与精辟分析，为各级领导干部如何认识心理健康，如何积极响应时代召唤增强积极心理能量提供了许多富有价值的对策建议。

二是科学解读。心理问题既是一种表象，更有着深刻的内在原因。对于心理问题及其存在障碍的解读需要从心理发展轨迹入手，需要从领导干部承担的角色压力及其心理需要进行深入探讨。丛书中的《会减压才能从容领导》《构建和谐愉快的人际关系》《健康心态需要自我认知》都是从干部的现实需要入手，从压力缓解、人际和谐和自我认知等大家感兴趣的话题展开。这些深层次的问题，是影响干部心理健康的重要因素。

三是内容丰富。丛书注重理论研究与实践应用相结合。把《领导人格完善与心力提升》《领导养心与养生》也纳入视野，将干部普遍关心的自我人格完善、心理资本、心力与志趣、提升心理生活适应能力等现实问题进行逐一阐述，形成丰富完备的内容体系。《走出抑郁　宽松心态》和《科学化解内心的焦虑》都以大量真实案例为依托，将干部心理问题写活、说透、讲明，为干部创造一个深度共鸣、贴近需求、实用好用的阅读能量场，让干部能够开卷有益。

四是注重应用。《新时代干部心理能力建设书系》从不同侧面对领导干部心理健康进行了深入具体的阐述，提出了许多富有价值的对策建议，有的书稿在内容中间或章节末尾还增设各种心理测评问卷，帮助干部开展自测自评。这套内容丰富详尽的书系，既可以满足干部心理能力建设培训学习的实际需要，也可以作为干部自我提升的案头工具书，满足干部阅读需求。

五是聚贤增慧。《新时代干部心理能力建设书系》聚焦时代需要，着眼未来发展，凝聚集体智慧。在书稿的撰写当中，全国人大常委、中共中央党校（国家行政学院）原校务委员（副院长）陈立教授，中国管理学界泰斗、复旦大学首席教授，东方管理学派创始人苏东水先生，中国健康管理协会会长郭渝成教授，中国领导科学研究会会长冯秋婷教授，心理测量咨询专家、北京师范大学心理学教授郑日昌先生等领导和学界前辈亲自担任书系顾问，对编写工作悉心指导，热情期待，支持鼓励，为编写工作增加了智慧力量。中央党校厅局级干部培训班的许多学员对编写内容及章节体系也提出了许多宝贵的意见建议，在书系付梓出版之际，谨代表编委会对各位领导前辈、专家学者和朋友们的关心帮助表示衷心感谢！

《新时代干部心理能力建设书系》是集体智慧的结晶。书系的诞生不仅为加强领导心理服务体系建设做出了有益的探索努力，更为开展领导干部心理健康教育提供了十分难得的阅读材料，本套书系既可以为各级党校（行政学院）党政干部教育培训、企业领导人才能力提升以及社会团体开展各类心理健康咨询活动提供培训参考教材，也可以为增进领导干部身心健康提供有价值意义的指导咨询与帮助。

是为序。

胡月星

2020 年 12 月 10 日

目　录

第一章

人贵有自知之明：
认识领导者的角色定位

开篇案例：领导干部的心理健康问题源于哪里？

近年来，针对北京市领导干部的心理健康测评表明，同普通人群相比，领导干部的心理状况既有相似之处，也具有其自身的特点。我们采用 90 项症状清单这一量表进行测评。该量表共有 90 个项目，从感觉、情感、思维、意识、行为以及生活习惯、人际关系、饮食睡眠等方面进行测评，可以反映 10 个方面的心理健康情况。

测评对象主要来自中共北京市委党校中青班（优秀处级干部班）、乡镇书记班和街道书记班。测评结果显示：

（1）从整体看，超过 160 分警戒线的领导干部比例呈上升

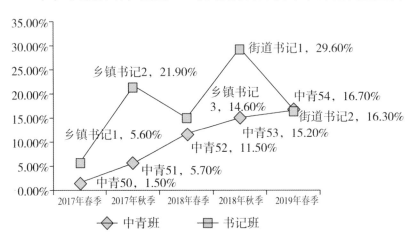

图 1-1　领导干部心理健康状态测评：超过 160 分警戒线的比例（%）

注：班次后面数字为各班次的期次，如"乡镇书记 1"为第 1 期乡镇书记班，"中青 50"为第 50 期中青班。

趋势。测评时间跨度为 3 年，每个班次的领导干部在性别、年龄、职务方面具有很强的同一性，因此具有一定的可比性（90项症状清单表明，如果测评总分超过 160 分，意味着被测试者近期的心理压力较大，需要重点关注和关爱，但并不意味着被测试者存在明显的心理疾病）。

（2）在 10 项心理症状的表现里，强迫症状、人际关系敏感、失眠是比较突出的表现。焦虑、抑郁的领导干部也存在一定比例。这同领导干部工作任务繁重和情绪劳动强度大有直接的关系。有的领导干部具有很明显的强迫症状，而人际关系敏感在领导干部当中更是普遍存在。90 项症状清单所列的 10 项表现中，"其他"项通常指失眠或者睡眠过多、吸烟或者喝酒成瘾等状况。我们在访谈中发现，失眠也往往是领导干部压力大的标配。

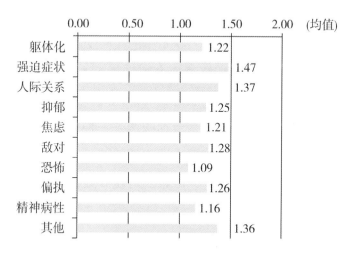

图 1-2　90 项症状清单中 10 项心理症状的测评均值

（3）基层一把手的心理健康要显著低于市直机关领导干部。乡镇（街道）书记作为基层管理的核心，其心理健康水平甚至低于全国所有人群的平均水平。测评结果在性别、年龄方面并不存在显著差异，主要与所处职位有关。重要岗位、基层、一把手的心理压力普遍较大。

（4）有关访谈和调研显示，领导干部的心理压力主要源于职位晋升、本领恐慌、人际沟通以及工作与生活的失衡等方面，无助感比较突出。根据卡特尔16项人格测评，中青班的"敢为性"得分较高，但是面临现实中的监督、问责等压力又有所"不敢为"，表现出一定的心理冲突。就整体而言，领导干部对于新环境的适应能力处于中等水平。一些领导干部的适应能力较低。

一、领导干部的情绪劳动强度大

如同按时上班一样，我们在工作中表现出适时的情绪也是一种劳动。情绪劳动，指我们在工作的人际交往过程中所表现出的令组织满意的情绪。情绪智力则是指个人管理自身情绪，使之在不违背规范的情况下表达自己的能力。就如同按时上班累了需要睡觉休息一样，情绪劳动既然是一种劳动，同样需要休息。如果我们一直努力表现出适时的情绪，而忽略适当的情绪休息，就会产生心理问题，严重的可能导致抑郁或自杀等极端情况。

同普通人群相比，领导干部的情绪劳动强度更高、持续时间更长。一个单位的领导干部，特别是一把手，往往是各项工作事务的核心，也是大家关注的焦点。一举一动，都要受到各方面的审视。如果持续加班，其情绪劳动就往往成为一种无缝隙劳动，紧绷的情绪得不到及时放松，就容易绷断，不仅会造成严重的心理问题，而且还会对工作造成不良后果。

我们曾经建议作为乡镇书记的领导进行一项练习：工作日的某一天，从进入单位大楼开始，就一直绷住不对任何人笑。针对班子成员的招呼、下属的请示等等都保持一种严肃谨慎的表情，时不时显得忧心忡忡。这一过程坚持一天，第二天一早再问问大家的感受。有的乡镇书记当即就表示，这个练习不用做，自己都能想象出来是什么结果。如果真的这样做了，整个办公大楼的工作气氛都会受到影响，自己的忧心忡忡很可能会迅速弥散开来，传染到各个角落，整个乡镇政府可能都会紧张起来。大家可能会通过直接或者不直接方式纷纷猜测：是不是我们的工作受到上级批评了？是不是领导又接到重要而艰巨的任务了？领导是不是要进行大规模人员调整了？或者要进行什么重大动作了？这种紧张的情绪会迅速传播，从而严重影响工作氛围和工作效能。

曾经有一位到外地挂职的干部，到当地挂职任副县长，负责人力社保工作。于是，他到任之后就带着农民工去讨薪，但是工作难度大，并没有讨成，却和大家熟悉起来。有一天，他刚刚出门，县委的同志就打电话让他回去："你带着讨薪的300多人把县委围了，110警车和120救护车全来了，怎么劝都不行，你赶紧回来！"他还没有回到县委就气得不行，一下车就把领头的工人推搡到地上，然后破口大骂，连续骂了10多分钟不重样。工人们看到他一反常态，于是迅速散了。事后，县里的干部纷纷夸他能干："北京的干部就是水平高！我们露着八颗牙好言好语怎么劝都不成，你又打又骂的居然把事情解决了！"等他得意扬扬地回到办公室，静下心来一想，才感觉后背的汗哗哗地流下来："当时的任何一秒钟，如果有人拍张照片发到网上，配上文字说：北京的干部到青海打人骂人了。那可真的说不清了。尽管我真的是为了他们好。你说我怎么就没有搂住呢？我一个文弱书生，一辈子没有骂过人，更没有跟别人动过手，怎么在那样一个场合就变了一个人呢？"其实，这就是典型的情绪劳动过度的表现。这位干部就是累了，情绪累了，没有及时休息，所以才造成了这样的状况。

作为领导干部，工作的一整天需要保持合适的、令周围人满意的情绪状态，晚上加班的时候也要继续保持这样的状态。由于远离家人朋友，也没有及时疏解的渠道，日复一日，就容易造成情绪劳动过载的现象。

认识到这一点，我们就要及时关注自己的情绪状态，及时地进行情绪的休息，才能避免情绪的集中爆发，从而避免更严重的后果。就像我们每天都要睡觉一样，情绪也需要每天及时地得到休息，才能不断保持旺盛的精力。

二、领导干部的被期待度高

领导干部由于自身所担当的角色，往往会被赋予很高的责任和期待。无论是上级还是下级，或者同级，或者相关部门，都会对作为领导干部的人给予很高的期待。别人做不到的，领导干部应该做到；别人想不到的，领导干部应该想到。老百姓或者服务对象对于领导干部则赋予更高的期待。一有问题解决不了，就会要求见领导干部，因为相信领导干部更能解决问题。群众的期待高往往是领导干部压力的来源之一。

同样，组织对领导干部的期待往往也很高。领导干部走上领导岗位，往往经过了组织部门的精挑细选，层层考察，组织部门同样希望领导干部不仅能够胜任工作岗位，而且能够做出突出成绩。

领导干部的期待还常常来自自身。领导干部往往具有较高的抱负，本着对工作的责任担当，希望竭尽全力把工作干好。然而，面对不断变化的形势和任务要求，有的领导干部可能不能迅速适应，从而造成了期待与现实之间的差距。

三、领导干部的角色冲突严重

源于多方面的高度期待，领导干部往往面临多样化的失衡与冲突，必然造成内心的自我纠结。作为领导干部，常常承担着多重角色：面对上级，自己是下级的角色；面对下级，自己又是上级的角色；面对百姓，自己代表着党和政府；同时自己还是父母、子女、爱人和朋友。领导干部可能有时不能充分平衡多重角色的不同要求和不同期待，从而导致剧烈的内心冲突。

首先，领导干部的内心纠结源于公众期待与个人能力之间的失衡与冲突。随着社会经济的快速发展，社会矛盾和冲突也日益凸显，百姓对于政府和领导干部的要求和期待也日益多元化，有的领导干部常常会产生本领恐慌，觉得自己不能迅速适应不断变化的公众需求，而公众的不满又反而加剧了自身的压力和困惑。

其次，组织期待与个人期待之间的差距也往往造成了领导干部内心的纠结和冲突。来自组织方面的规范和要求，使得有的领导干部有时不能平衡工作与生活、事业与家庭之间的矛盾。有的领导干部由于经常加班，觉得愧对家庭和孩子；有的领导干部由于自身岗位的要求，可能不能随时陪伴父母和家人，甚至去异地探望父母也成为奢望。这种家庭角色和工作角色之间的冲突有时会加剧领导干部的纠结和压力。

另外，领导干部的内心纠结还源于个人期待与个人能力之间的失衡与冲突。面对日益复杂的工作任务要求，领导干部可能同时承受着身体和心理的双重压力，觉得自己越来越不能适应逐渐加大的工作压力，越来越怀疑自己的能力，产生本领恐慌，却不知如何改善这种状况。有的领导干部可能还没有完全意识到这样的问题；有的可能意识到了问题，但是却不知道如何着手解决；有的可能意识到了问题，也知道该怎么办，却由于环境和条件的局限而不能办到。如何让方方面面满意，可能是当前领导干部面对的重大困惑之一。

本章测试：90 项症状清单（SCL - 90）

以下表格中列出了有些人可能会有的问题，请仔细地阅读每一条，然后根据最近一星期以内下述情况影响你的实际感觉，在五个答案里选择一个最适合你的答案。（1 为没有、2 为很轻、3 为中等、4 为偏重、5 为严重）

表 1 - 1　90 项症状清单测试表

编号	题目	没有	很轻	中等	偏重	严重
		1	2	3	4	5
1	头痛					
2	神经过敏，心里不踏实					

（续表）

编号	题目	没有	很轻	中等	偏重	严重
		1	2	3	4	5
3	头脑中有不必要的想法或字句盘旋					
4	头昏或昏倒					
5	对异性兴趣减退					
6	对旁人责备求全					
7	感到别人能控制你的思想					
8	责怪别人制造麻烦					
9	忘性大					
10	担心自己的衣饰整齐及仪态的端正					
11	容易烦恼和激动					
12	胸痛					
13	害怕空旷的场所或街道					
14	感到自己的精力下降，活动减退					
15	想结束自己的生命					
16	听到旁人听不到的声音					
17	发抖					
18	感到大多数人都不可信任					
19	胃口不好					
20	容易哭泣					
21	同异性相处时感到害羞、不自在					

（续表）

编号	题目	没有	很轻	中等	偏重	严重
		1	2	3	4	5
22	感到欺骗，中了圈套或有人想抓住你					
23	无缘无故地突然感到害怕					
24	自己不能控制地大发脾气					
25	怕单独出门					
26	经常责怪自己					
27	腰痛					
28	感到难以完成任务					
29	感到孤独					
30	感到苦闷					
31	过分担忧					
32	对事物不感兴趣					
33	感到害怕					
34	你的感情容易受到伤害					
35	感到旁人能知道你私下的想法					
36	感到别人不理解你、不同情你					
37	感到人们对你不友好，不喜欢你					
38	做事必须做得很慢以保证做得正确					
39	心跳得很厉害					
40	恶心或胃部不舒服					
41	感到比不上他人					
42	肌肉酸痛					

（续表）

编号	题目	没有	很轻	中等	偏重	严重
		1	2	3	4	5
43	感到有人在监视你、谈论你					
44	难以入睡					
45	做事必须反复检查					
46	难以做出决定					
47	怕乘电车、公共汽车、地铁或火车					
48	呼吸有困难					
49	一阵阵发冷或发热					
50	因为感到害怕而避开某些东西、场合或活动					
51	脑子变空了					
52	身体发麻或刺痛					
53	喉咙有梗塞感					
54	感到对前途没有希望					
55	不能集中注意力					
56	感到身体的某一部分软弱无力					
57	感到紧张或容易紧张					
58	感到手或脚发沉					
59	想到有关死亡的事情					
60	吃得太多					
61	当别人看着你或谈论你时感到不自在					
62	有一些不属于你自己的想法					

（续表）

编号	题目	没有	很轻	中等	偏重	严重
		1	2	3	4	5
63	有想打人或伤害他人的冲动					
64	醒得太早					
65	必须反复洗手、点数目或触摸某些东西					
66	睡得不稳不深					
67	有想摔坏或破坏东西的冲动					
68	有一些别人没有的想法或念头					
69	感到对别人神经过敏					
70	在商店或电影院等人多的地方感到不自在					
71	感到任何事情都很难做					
72	一阵阵恐惧或惊恐					
73	感到在公共场合吃东西很不舒服					
74	经常与人争论					
75	单独一人时神经很紧张					
76	别人对你的成绩没有做出恰当的评价					
77	即使和别人在一起也感到孤单					
78	感到坐立不安、心神不宁					
79	感到自己没有什么价值					
80	感到熟悉的东西变成陌生或不像是真的					

（续表）

编号	题目	没有	很轻	中等	偏重	严重
		1	2	3	4	5
81	大叫或摔东西					
82	害怕会在公共场合昏倒					
83	感到别人想占你的便宜					
84	为一些有关性的想法很苦恼					
85	认为应该因为自己的过错而受到惩罚					
86	感到要赶快把事情做完					
87	感到自己的身体有严重问题					
88	从未感到和其他人很亲近					
89	感到自己有罪					
90	感到自己的脑子有毛病					

评分标准

1. 总分：将每道题的分数（1～5分的5级评分）加总，得到总分。总分以160分为警戒线。

2. 总均分（总症状指数）：总分÷90。总均分在1～1.5之间，表明被试者自我感觉没有量表中所列的症状；在1.5～2.5之间，表明被试者感觉有点症状，但发生得并不频繁；在2.5～3.5之间，表明被试者感觉有症状，其严重程度为轻到中度；在3.5～4.5之间，表明被试者感觉有症状，其程度为中到严重；在4.5～5之间表明被试者感觉有症状，且症状的频度和强度都十分严重。

3. 阳性项目数：单项分数≥2的项目总数。单项分数≥2的项目，表示被试者在该项目上可能存在一定症状。阳性项目数超过 43 项，即有 43 项达到 2 分及以上，表明可能存在一定的心理健康问题。

4. 各因子对应的题目见下表。每个因子中各个题目得分加总得到原始分，然后除以题目总数，得到因子平均分。

因子平均分以 1.5、2.5、3.5、4.5 为界划分程度。小于 1.5 为无症状；1.5 ≤ 平均分 < 2.5，为轻度；2.5 ≤ 平均分 < 3.5，为中度；3.5 ≤ 平均分 < 4.5，为重度；平均分 ≥ 4.5，为严重。

表 1 - 2　90 项症状清单因子评分表

编号	因子	回答"是"得 1 分的题目	因子平均分
1	躯体化	1、4、12、27、40、42、48、49、52、53、56、58	原始分/12
2	强迫症状	3、9、10、28、38、45、46、51、55、65	原始分/10
3	人际关系	6、21、34、36、37、41、61、69、73	原始分/9
4	抑郁	5、14、15、20、22、26、29、30、31、32、54、71、79	原始分/13
5	焦虑	2、17、23、33、39、57、72、78、80、86	原始分/10
6	敌对	11、24、63、67、74、81	原始分/6
7	恐怖	13、25、47、50、70、75、82	原始分/7
8	偏执	8、18、43、68、76、83	原始分/6
9	精神病性	7、16、35、62、77、84、85、87、88、90	原始分/10
10	其他	19、44、59、60、64、66、89	原始分/7

测试解读

90 项症状清单（SCL-90）是世界上最著名的、也是当前应用最为广泛的心理健康测试量表之一，可以帮助大家从多个方面了解自己的心理健康状态。

虽然通常以总分 160 分作为警戒线，但并不意味着，如果被试者测试达到了 160 分以上，被试者就心理"有病"了。超过 160 分只是表明，被试者目前的状态可能不太好，需要多关注和关爱自己，及时调整自己。如果感觉问题有点严重，可能就需要到医院做检查或求助专业人士。

如同感冒具有个体差异一样，当压力大的时候，每个人的表现是不一样的，所谓"各走一经"：有的人可能表现为躯体化，感觉头疼、腰酸背疼、肠胃不舒服；有的人可能表现为情绪波动大，人际关系处理不好；还有的人可能表现为失眠、不停吸烟；等等。通过测试，我们可以知道自己在心理压力大的时候可能走的是"哪一经"，从而有针对性地关注和预防。

需要说明的是，无论什么样的测试结果，都跟当前或者最近一段时间的状况有关，而不能代表一个人长期的状态。不同于人格测试，心理测试的结果是随着一个人心境的改变、工作和生活状况的改变以及环境的改变而处于不断变化之中。

本章小练习：测测你的心理状态

我们可以有很多方法来测量自己当前的心理状态。当一个人处于平和稳定的情绪状态时，他看到的事物、景色等往往都处于一个相对稳定的状态。而当他心境烦乱、焦虑的时候，可能看到的也是杂乱的、不断变换的景物。心理学的研究表明，人的身心两方面是共通的，心理的状态会表现为生理的反应，而生理的状况又会表现为心理的映射。比如，过去人们认为在休息时心脏跳动的节奏是平稳不变的，其实健康的心脏在休息时的跳动节奏也是非常不规律的。心率的改变不仅仅影响心脏，也会影响我们的感受，以及大脑在决策、解决问题、创新等方面加工信息的能力。

如果我们看到平时稳定的景物变得动起来，或者以往平缓运动的景物运动速度变快了，或者变得纷乱、无秩序了，那么有可能是我们的心在"晃"了。这实际上是人们心境改变、压力变大的表现。如下图所示，如果我们看到螺旋在顺时针或者逆时针转动，则表明近期存在一定程度的压力，如果螺旋快速旋转，则表明我们必须马上休息了。

图1-3 心理测评的压力螺旋

★提升领导干部素质★加强党员干部修养
另配文章资讯、智能阅读向导

第二章

我们为什么自知不明：
规避领导者的认知陷阱

开篇案例：做事不由东，累死也无功

有一位领导干部，被任命到一个中心当副主任。刚刚上任，大领导就要被借调到上级单位一个月。临走前，跟他交代，你是搞信息化的，这一个月你把咱们单位的信息化系统给建设起来吧。交代好之后，大领导就如期出国了。这位领导接到任务后一筹莫展。他说，我是搞信息化的专家，搞一套信息系统，至少要六个月，紧赶慢赶也要三个月，一个月的时间无论如何也无法完成任务。这个大领导不懂业务瞎指挥，我可怎么办。于是，他就打电话跟原来单位的人抱怨，大家都是搞信息化的，对他都非常同情。然后，他又同新单位的人抱怨，可是新单位的人却非常不解：搞信息化哪里需要一个月啊，一个星期不就搞定了吗？他突然发现，大家对于信息化的理解差别是如此之大。后来，他真的用一个星期就完成了任务。他在单位信息系统的界面上只设置了两个大按钮。一个是信息查询功能：把单位里所有的文件、报告、数据、资料、方案等等全部扫描进电脑，并做了一个索引，这样大家找东西就方便多了。不仅找得快而精确，而且还不用到各个科室去求人翻材料。另外一个是办公留痕系统。来自上级的一项重要任务往往涉及几个科室，以往大家会私下打听这项工作的进度，以便知道何时能到自己的科室，从而更好地统筹安排科室的工作。有了这个按钮之后，凡是单位里的重要任务，都会在这里留痕，什么时候进行到什么工作进度，大家一目了然，工作安排起来就顺畅多了，也大大提高了效率。大领导回来以后，对这项工作赞不绝口：这就是我们要的信息系统，我非常非常满意！还不仅仅如此。从此以后，这位领导获得了单位所有同事的仰视！

大家对他刮目相看：我们单位来了一个专家型的领导，一来就做了一套特别高级的信息系统，可管用了！这位领导后来反思道：如果按照我的专业理解，做一套信息系统应该是涉及所有方面、门类齐全、结构复杂，幸亏我没有那么做！因为那只是我眼中的信息系统，不是用它的人眼中的系统。俗话说，做事不由东，累死也无功。真的是特别有道理！我必须善于自我换框，多站在别人的角度想问题，才能事半功倍。

认识自己往往是进行心理舒缓、促进心理健康的起点。俗话说，"人贵有自知之明"。然而，我们往往最不能看清的反而是自己。尼采的《论道德的谱系》有一句名言："我们无可避免跟自己保持陌生，我们不明白自己，我们搞不清楚自己，我们的永恒判词是：'离每个人最远的，就是他自己。'——对于我们自己，我们不是'知者'……"认知方面的偏差与错觉常常是我们内心纠结的根源。

一、认知错觉让我们"看不见"

如果我们给大家看一张有山有水的风景图片，那么不同的人对于图片的描述很可能是不一样的。因为大家的关注点不一样。有的人可能看到了山，有的人可能注意到了水，还有的人可能注意到了别人通常没有注意到的图片角落的小鱼。对于同一事物，不同的人总是关注不同的东西。我们在与人沟通时，往往会出现这样的现象，当我们自己对某个政策或计划侃侃而谈之后，周围的人可能对我们反复强调的重点并不感冒，反而对于我们从来没有关注的细节纠缠不清。于是，我们就会很失望，进而很恼怒。事实上，这种现象在心理学上非常常见。

哈佛大学的心理系教授曾在学校的教学大楼制作了一条不到一分钟的影片。影片中，有两队运动员分别穿着白色和黑色的运动服在不断地移动并且互相传接篮球。拍摄过程中，实验人员还安排了一个穿着大猩猩毛茸茸衣服的人从人群中走过并稍作停顿，还对着镜头敲打自己的胸膛。随后，"大猩猩"走过人群并离开，整个过程在屏幕上不超过9秒钟。影片拍好后，让招募来的志愿者观看影片，并统计身着白色球衣队员传球的次数。大家分别报告自己的数球次数，比如13次、14次或者15次。然后，实验人员继续询问："在你数传球次数时，你看到什么特别的东西了吗？""没有。""你看到大猩猩了吗？""没有。"

在这项实验中，大约有46%的志愿者没有看见大猩猩。当他们重新观看录像而不需要计数时，他们都轻而易举地发现了人群中的大猩猩。NBC（美国广播公司）的制作人也重复了这个实验，其中的一个志愿者坚决不承认影片中有大猩猩出现，甚至认为他前后两次观看的影片根本就不是相同的版本。这个实验在不同国家、不同人群中重复了若干次，结果基本一致——有大约一半的人没有发现人群中的大猩猩。甚至有被试者同实验人员吵架：你给我们看的根本是两段录像，第一段录像里根本没有大猩猩，只是让我们数球。第二次给我们看的录像是临时加进去的大猩猩。在后来的研究中，用一个撑伞的人代替大猩猩重复了上述实验，结果还是有30%的人没有看见撑伞的人。

图 2 - 1　心理实验：看不见的大猩猩

在心理学领域，这种现象被称为"无意视盲"：当人们把自己全部的视觉注意力集中到某个区域或物体时，他们会忽略那些他们不需要看到的东西，尽管有时那些他们不需要看到的东西是很明显的。

美国的一起案件也进一步印证了这种现象。一名警察在追小偷的过程中，被小偷捅伤倒在血泊中，第二名警察紧随其后，翻墙紧追小偷。结果，第二名警察被送上了军事法庭。因为按照程序，他应该先救第一名警察，而不是猛追小偷。那名警察因此而受重伤。但是，第二名警察在法庭上反反复复说一句话：我没有看见。而在他后面 100 多米还有很多人在追，他们都看到了受伤的警察。后来，心理学家把他请到实验室里去看大猩猩。他却看到了大猩猩。但是，这并不能推断出他见死不救还说谎的结论。因为，人们在不同的情境压力下，调动的认知资源是不同的。越是在压力之下，人们的认知资源就越紧缺，也就越容易产生无意视盲。压力不仅仅造成我们的紧张焦虑，更会给我们带来错误的判断和错误的决策。因此，在压力和不良情绪下，不要做重要的决策，是心理学家给大家的忠告。事实上，我们真正体验到的世界远远少于我们所能感知到的世界。如果我们能认识到这种认知局限性，有些错误的感知可能就会消失。

我们在日常工作和生活当中，经常会遇到这样的情形，一个很熟悉的人从身边走过，却并没有理你。你可能会感到很不爽：我冲他微笑打招呼，他怎么无动于衷！是不是我前天得罪他了？是不是我上午说错话让他不高兴了？如果对方是自己的领导或者重要人物的话，你想得可能更多。还会遇到这样的情形，有个人从离你三根电线杆之外的地方跑过来跟你打招呼，对你嘘寒问暖的。这时你的感觉可能也并不是特别好：他那么远跑过来跟我套近乎，是不是有求于我，或者让我帮他办我根本做不到的事啊？

其实，从大猩猩的例子就很容易理解这两种情形了。前者可能是天生具有无意视盲的人，如果他当时在思考问题或者心不在焉的话，无意视盲就更严重了，并不是故意不理你。而后者则是天生具有眼观六路、耳听八方特质的人，他通常会觉得三根电线杆之外，你已经看到他了，他实在不好意思不过来跟你打招呼。因为每个人都是以自己作为参照来看待别人的。理解了这一点，我们可能就不会再为谁理不理谁而纠结烦恼了。人际关系敏感的很大一个原因源于人们对于这种无意视盲的认知错觉。

然而，作为领导干部，由于是各种人际关系的焦点，可能还是更需要做眼观六路、耳听八方的人，这无疑增加了大家的情绪劳动负担。这时，我们可以有两种解决思路：一是在工作之外让情绪充分休息，以便在工作中时刻保持好的状态；二是让周围的人充分了解自己的个性特征，多多展示自己真实的一面，这样自己在不理人或者发脾气的时候能得到大家的充分谅解。

事实上，这样的情形我们在工作中经常会遇到。我们在接待群众来访或者做思想政治工作的时候，往往在同对方沟通时遇到很大的困惑。对方可能根本听不进去我们的解释和劝导。为什么呢？因为对方一门心思在数球，根本没有看到大猩猩，而我们却在不断地给他解释大猩猩的各种情况。其实，解决的对策很简单：让对方充分把球数清楚，然后再提醒他看大猩猩。一旦他注意到了大猩猩，双方的沟通就处在了一个平台上，这时再进行解释和劝导就容易多了。

请大家把书倒过来，看一看这张图，数一数图中有几个圆点？

图 2-2　认知错觉图示

我想大多数人都不会数错。那么，我们的第二个问题会是什么呢？请你看看这张图有什么问题？

哦！那个人有六个手指头！对，他是一个拉美人，天生有十二个手指头。如果一开始就让大家找问题，大家可能很容易就看到图中的人手指头比别人多。但是如果一开始让大家数圆点，大多数人就会忽略手指头的问题，而专心致志数圆点。这就是我们所说的无意视盲。

这种视而不见的情形其实很多。作为领导干部，我们经常需要布置各种工作任务。经常遇到的情形就是：我认为这项工作非常重要，尤其是某某方面需要绝对重视。虽然我反复强调了，但是下面执行的时候却层层走样，该重视的没有重视，细枝末节却格外重视。究其原因，一方面，是每个人心目中的"重要"并不一样。我们认为重要的方面，在别人眼中可能并不那么重要。这里有无意的原因，也有有意的原因。我们可以通过有效的沟通和任务的规范来尽可能地避免这样的情形。

另一方面，是由于任务传导过程中的信息的衰减和态度的偏差。有一个著名的沟通漏斗或者执行漏斗可能很好地解释这一

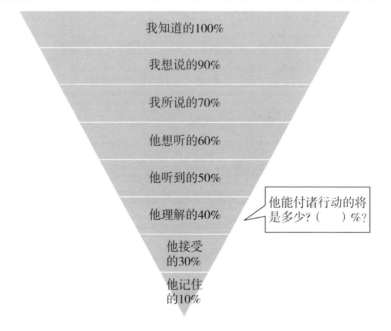

图2-3　沟通漏斗

现象。人类沟通过程中信息的衰减或者偏差几乎是不可避免的。了解到了这一点，我们其实有非常多的办法来避免这样的状况。

如何将大家的思想统一起来，齐心协力干工作呢？首先就是要大家的认识和态度一致起来，将沟通和问题的讨论统一到一个平台上来。这里，习近平总书记给大家做出了非常好的榜样。

"习近平总书记每逢出访，不仅经常采用中国古典名句，还时常引用外国经典名言。无论是谈合作、谈友谊，还是谈历史、谈机遇，习近平总书记总能巧妙妥帖地援引到访国家本土话语，打破文化隔阂，促进文明互鉴，拉近与到访国家的距离，展示大国的形象与风采。"[①]

2015 年 10 月，习近平总书记在英国议会发表讲话，引用了一句莎士比亚的名言："凡是过去，皆为序章。（What's past is prologue）"（原句出自莎士比亚戏剧《暴风雨》），用英国人的话含蓄地阐述了中国人对几百年来中英关系的理解，对未来中英关系进行了新的展望。

"过去"包含着近年来中英在亚洲基础设施投资银行、"一带一路"等各方面所取得的合作成就，希望在这些过去成就的基础上，中英能更加务实合作，谱写中英黄金时代的"序章"。

这一阐述不仅迅速拉近了中英关系的距离，而且"突出了时空概念，打通了中英关系的过去、现在与未来，也更好地说明了为什么这就是中英全面战略伙伴关系的'黄金时代'"[②]。

---

① 《习近平引用的外国名言》，《人民日报海·外版》2016 年 1 月 26 日。
② 《习近平引用莎翁名句"凡是过去，皆为序章"有何深意?》，人民网－时政频道，2015 年 10 月 21 日，http://politics. people. com. cn/n/2015/1021/c1001－27724579. html

2013 年 9 月，习近平总书记在会见德国总理默克尔时指出，他由"牛顿力学三定律"联想到如何更好推动中德关系发展。一是牢牢把握中德合作的"惯性"。二是通过深化务实合作提升中德关系的"加速度"。三是减少两国关系发展的"反作用力"。①

默克尔是物理学博士，随即对习近平总书记的话产生了强烈的共鸣。默克尔表示，德中交往与合作密切，德国特别关注中国经济。中国经济持续发展有利于德国。德国希望扩大同中国的合作，为两国关系提供更强劲的"加速力"。德国法兰克福希望成为人民币交易离岸中心。德方对最近欧盟同中方就解决光伏产品问题达成一致感到满意，德方将继续致力于推动欧盟妥善解决欧中贸易争端。默克尔还就中国东北地区遭受洪涝灾害致以慰问，表示德方愿向中方提供帮助。②

"牛顿力学三定律"的运用，一下子拉近了双方的距离，产生了非常顺畅的沟通效果。

由此可见，我们一方面可以避免无意视盲的认知陷阱，另一方面，我们可以运用一定的方法和技巧来使得对方关注我们希望其关注的方面，从而实现互惠共赢。

二、认知偏差让我们"看不清"

作为成人，我们一直认为，自己看待这个世界应该是非常

①②《习近平会见德国总理默克尔》，新华网，2013 年 9 月 6 日，http://www.xinhuanet.com/world/2013 - 09/06/C = 117265409.htm

客观和理性的。然而，我们成长的环境、我们学习的认识、我们接触人或事、我们的价值观、我们的道德规范……以及人类在漫长发展历史中，祖先在我们头脑留下的记忆符号和印迹，都会影响我们的思维和行为。福布斯曾经评选出全球十大恶心食品，包括象屎咖啡、蛇酒、燕窝、松花蛋等。全世界不同的人对此反映是那么强烈的不同：此之蜜糖，彼之砒霜。

自我参照标准，指无意识地按照自己的文化价值观、经验和知识作为决策的基础。我们每个人都有自己的自我参照。如果按照自己的参照标准去判断别人，很可能会产生误解、偏差和不愉快。也就是说，我们每个人都是戴着有色眼镜看世界的，而每个人的有色眼镜又是如此的不同。如果我们能尝试换到别人的眼镜后面看一看这个世界，可能会有完全不同的感受。一万人眼中就有一万个哈姆雷特，亿万人眼中就有亿万个哈姆雷特，然而哈姆雷特只有一个，不同的只不过是人们的眼光与心态。

我们的思维定式来源于很多方面。比如经验、知识和一些固有的直觉。而这些常常不为我们所知。我们总是在不知不觉中使用我们的自我参照。这势必形成我们在某一方面的偏差和偏见。

如果看到图2-4，可能大家公认这是一个比较漂亮、顺眼的女性。其实如果把这张图倒过来看，我们的感觉就会大相径庭。为什么会这样呢？这是因为，人的大脑对于人脸的识别系统是建立在直立的前提下的。也就是说，人们习惯了看正脸，这是人通常的认知系统。如果把脸颠倒过来，原有的认知系统受到干扰，思维定式被打破，所以就看不出来这张脸的好坏了。

图2-4　思维定式图示

其实，我们看待自己、看到周围的人和事物同样具有这样的效应。我觉得自己是一个内向的人；科室的小伙子家庭条件优渥，可能没有进取心；他一开会就迟到，一点也不尊重人……换一个角度看，这些只是从"我"的角度看到的，进而推断出的结论。在别人看来，我可能是一个外向开朗的人，同大家相处融洽；科室的小伙子可能特别想努力工作证明自己，只是目前还没有找到努力的方向；这段时间"他"可能要照顾住院的老人，所以迟到了，其实对你特别认可……

一些认知上的惯性和刻板印象往往会造成我们内心的纠结、压力和焦虑。在心理学上，经常有一些双歧图。如图2-5。

图2-5　双歧图图示

我们乍一看，可能看到了鸭子；再仔细看，可能又看到了兔子。一直盯着看，可能觉得它既是鸭子又是兔子。如果我们既从鸭子的角度考虑问题，又反过来从兔子的角度考虑问题，肯定比只从一个方面考虑更周全。

对于外界世界的认知，往往需要我们摒弃自我参照。所谓的好坏、对错，往往是在一定的角度和价值观背景下的判断，如果能换位思考、自我换框，从多个角度和站位认识和思考问题，可能会帮助我们更清晰地看待自己和看待这个世界。

在一个处室里，有一位老同志。大家都反映她工作不积极主动，凡事不往前面冲。有一位同志新到这个处室任处长。于是，他就找这位老同志谈话。没想到老同志说，现在的年轻人学习能力都很强，这些工作他们上手会很快，不用特意教。年轻人多出头，多干干，可以让领导多认识、熟悉他们，这样进步也快些。当然，这些工作我也干了很多年了，确实有点职业倦怠。了解了这一情况后，这位处长决定给老同志安排一些新的而且她感兴趣的工作。于是，老同志被安排了为全处工作存档并做文字、照片、视频等多种记录这一工作；同时负责对外培训的规划、组织和联络工作。她的积极性被调动起来了，工作也获得了大家的认可，培训工作还得了奖。她为大家做文字和图片记录，不仅做得详细认真，还发挥了自己的摄影专长，同处里其他同志的关系也越来越融洽。

摒弃对人对事的刻板效应，就会看到事物的另外一面。一位法院的同志给大家讲述了另外一个类似的故事。这个法院年轻人多，工作压力大，于是大家非常喜欢刷微博和微信解压，有时还影响了工作。于是，这位负责的领导顺势而为，在全院组织了一场微博大赛，让大家尽情展示自己的风采。大赛的获奖者被选为法院的官方微博和官方公众号的维护者。这样，业余爱好就成为工作的一部分。大家工作热情都很高，常常利用晚上和周末的业余时间加班为官方微博和官方公众号出力。后来，这个法院的官微和官方公众号迅速积累到了十万粉丝，为法院的宣传和信息工作作出了突出贡献。维护小组也按照分工由大家轮流负责，并被评为优秀团组织。

北京师范大学的郑日昌老师说，我们要从相对论、全面论和发展论的角度看问题，就能在很大程度上避免认知偏差。相对论是说，凡事都是相对的，不好的里面有好的方面。全面论是说，这方面不好那方面好，事物总会有好的方面。发展论是说，现在不好将来好。如果我们尝试站到事物的对面、外面和前面去看看，就能看到新的视角。

作为领导干部，经常会遇到一些有个性的或者不服管的下属。如果我们善于换框思考，从另外的角度挖掘他们的闪光之处，用其所长，就会收到非常好的效果。

三、认知冲突让我们不断"纠结"

很多心理上的纠结和冲突来源于认知方面的冲突。每个人看待事物都有自己独特的角度和不同的期待。然而，人们在社会化的交往过程中，往往需要不仅仅满足自己的期待，还要不断满足来自不同的人的期待。也就是，不仅仅只让自己高兴，还要让别人高兴。当自己高兴，但是让别人不爽的时候，或者为了让别人高兴而委屈了自己的时候，我们往往会觉得很纠结和郁闷，时间久了，还可能产生抑郁和焦虑。

如果让我们自己说一说自己的优点和不足，再问问周围人是怎么看我们的。相信会有很多一致的方面，也会有很多不一致的方面。再进一步，如果问问我们自己想成为什么样的人，再问问周围人对我们的期待，相信这时不一致的方面会更多。在工作中，这一现象往往更为突出。很多人在工作中努力进取，非常投入，却总是得不到领导和周围人的认可。还有的人，尽管周围人对他的工作非常认可，可是他自己却仍然觉得做得不够好。另外有的人，可能领导对自己的工作很认可，但是家里人却有很多抱怨，自己也觉得愧对家人。这些情况都会产生认知冲突，进而怀疑自己的能力。凡事追求尽善尽美，在一些人看来可能是优点，在另外一些人看来可能就是缺点了。

我们看待自己至少有四个维度。第一个是实际的自我，即自己眼中的自己；第二个是实际的他我，即他人眼中的自己；第三个是理想的自我，即我们对自己的期待；第四个是理想的他我，即别人对我们的期待。这四个维度的认知往往是不一致的。我们自己眼里的自己同家人眼里、同事眼里、领导眼里和服务对象眼里的自己可能是不一样的。我们期待变成更好的自己，也希望别人看到和认可，但是他人对我们的期待可能跟我们期待改变的方面完全不同。这种期待的差距让我们敏感、焦虑和纠结。我们很多的冲突和不解来源于此。认识到这一点，可以帮助我们从更多的角度看到自己，并努力在满足自己的期待和满足别人的期待之间找到平衡。

曾经有一个学院的一位系主任，被问及自己的优点时，一直在向大家诉说自己的缺点和不足，比如，我这个人性格比较急，那天跟谁谁谈工作，结果一直插话，弄得很不愉快，我事后特别后悔；又如，前两年我和谁谁一起出差，结果粗心大

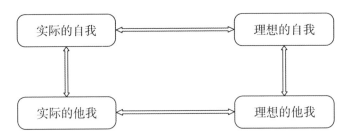

图 2-6　自我概念的四个维度

意，差点耽误了事，我觉得很对不起他；等等。而当问及周围的人时，大家异口同声答道：你只要少抽点儿烟就好了！其他都挺好的。你为人真诚、直率，我们都特别喜欢你！就是不要休息时串着屋子抽烟就好了。他非常惊诧于大家的想法，根本没有想到自己在大家眼中是这个样子的。从他的表情可以看出来，从此以后他可能就释然了，再也不会纠结于自我与他我之间的差距了。

本章测试：压力自评量表

请在符合自己情况的栏内打"√"，"是"或者"否"。

表 2-1　压力测试表

序号	表现	是	否
1	你常莫名其妙地感到心烦吗？		
2	你最近和周围的人有过争执冲突吗？		
3	你很少主动找人谈心事吗？		
4	你最近想辞职不工作，或想离家一阵子吗？		
5	你的体重最近明显地上升或下降 3~5 公斤了吗？		
6	你的身体有些病痛，你有没有尽快就医？		
7	你的饮食习惯是不是肉食比蔬菜水果多？		

（续表）

序号	表现	是	否
8	你最近缺乏食欲吗？		
9	你通常在凌晨12点后才上床睡觉吗？		
10	你躺在床上，往往辗转反侧，不易入睡吗？		
11	你是否常感到时间不够用而匆匆忙忙？		
12	你常疏忽做"紧急又重要"的事吗？		
13	你不喜欢做琐碎又重复性的工作吗？		
14	你对突发性的工作没耐心吗？		
15	你懊恼自己赚钱的速度不够快吗？		
16	你担心自己的储蓄不够或投资失误吗？		
17	你早有进修专业能力的想法，但迟迟还没行动吗？		
18	看到同事表现杰出，你觉得自己不够好吗？		
19	你看到灾难新闻，情绪往往会受影响吗？		
20	气候阴雨潮湿，这会让你的心情低落吗？		

计分方法：计算上述20题中回答"是"的题目总数，得出压力测试的总分。

压力评估标准：

1. 4分以下，无压力快乐族。

2. 5~8分，低压力轻松族。

3. 9~12分，中压力危险群。

4. 13~16分，高压力危险群。

5. 17~20分，超高压力危险群。

本篇小练习：找优点

1. 想一想自己有哪些优点，在纸上写下来。至少写三个。

2. 再想一想平时周围的人都是如何夸自己的，也就是自己在别人眼中有哪些优点。也至少写三个。

3. 问一问周围的人自己有哪些优点，听听他们是如何夸自己的。

4. 将他人的评价和自己的评价进行对比，看看之间有哪些差距。

5. 想一想自己最佩服谁，最想活成谁的样子，并给出理由。

6. 再问一问周围的人，5 年或者 10 年以后希望看到自己是什么样子的。

7. 通过对比实际的自我、实际的他我、理想的自我和理想的他我之间的差距探索自己内心的纠结之处，并想办法减少这样的差距。

对于周围的同事，特别是大家对他有偏见的人，可以采取同样的办法，发动大家找这位同志的优点。通过调整认知偏差，弥补这种认知差距。

第三章

自知之明之"明"：
确立领导者的认知定位

开篇案例：淑女形象尽毁

　　有一位女领导，负责电力方面的工作。有一个极其重要的赛事活动需要协调此方面的工作。因为之前具有相关的经验，手下的人也都处理得很好，她就没有过多过问此事。距离赛事开始还有一个星期的时候，她到现场去检查督办工作进展情况。一到现场就发现，整个系统只有一路供电。也就是说，如果这路供电出了问题，没有可应急替代的系统。她一听就急了，马上发飙。整个人跟疯了似的，跟现场的每个人又喊又叫又骂，大家看呆了。因为在大家的印象里，她是一个柔弱、说话温和、对谁都彬彬有礼的淑女。于是，大家赶紧按照她的安排紧急行动，在短短一星期时间里增加了一路供电，并完成了测试和预案的准备。事后，这位女同志非常后悔。因为她一直觉得自己是一个温文尔雅、温柔细腻的淑女，特别不希望别人觉得她是女汉子或者女强人，更不愿意大家认为她是女魔头。可是，因为这件事，她觉得自己的淑女形象尽毁，实在没脸再见人。很长一段时间以来，她都不知道如何面对工作中的同事。

一、领导者的性别认知

　　如果我们问一问女领导，有没有人说你是女汉子？被评价为女汉子的时候是什么感觉？如果有人评价说你非常优雅、迷人、有气质，你又是什么感觉？你更喜欢哪一种评价？可能大多数人都喜欢后一种评价，而对被评价为女汉子更多的是一种无奈。

如果我们问问男领导，有没有人说你特别暖心、细致、爱唠叨，或者是一枚暖男？听到这样的评价是什么感觉？如果有人告诉你说，你真是一条汉子！那又是什么感觉？显然，我们可能更为认可后者。

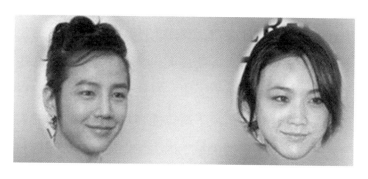

图 3 - 1　性别认知

人们往往认为，男人就应该有男子气概，女人就应该有女人味。一个人的性别认同应该以生理学的性别为基础，这样才能达到最佳的心理状态。如果觉得自己被称为女汉子或者男妹子，就会觉得不舒服，进而会造成我们内心的纠结、压力和焦虑。这其实是一种认知上的惯性和刻板印象。

事实上，斯坦福大学的桑德拉·贝姆（Sandra Bem）的研究表明，人的社会化性别并不是除了女神就是硬汉。大多数人处在女神和硬汉之间，也就是说，女性常常具有果敢、坚定、争强好胜等男性化的特征，而男性常常也具有温柔、细致、热情、敏感等女性化的特质。贝姆称之为"双性化"的性别。一个更协调的人，可以有效融合男性化和女性化两种行为，比那些极度男性化或者极度女性化的人更快乐，心理调适能力也更强。

表 3 - 1　贝姆量表的性别差异

工具性特质（不仅限于男性）	表达性特质（不仅限于女性）
自信	热情
独立	温柔
果敢	亲切
有抱负	敏感
有领导力	有同情心

大量的研究和实践表明，双性化性别的人往往是那些在工作和生活中适应性最好、成就最大、受人欢迎、且自己还不容易纠结的人。比如，有研究表明，双性化性别的人拥有更高水平的自尊，在多样化的情境下适应能力更强。双性化的人也更容易与异性建立起亲密的关系，因为他们能更好地理解和接受彼此间的差异。试想一下，如果我们身边有一个女汉子或者心细负责的暖男和自己搭班干活，你的感觉如何？应该还是不错的。

都说伟人有女相，其实是有一定道理的。毛泽东、周恩来、邓小平都具有细致、温和、灵活性等女性的特质。那么谁没有女相呢？我想历史上的项羽可能是一个例子。当时的情形下，项羽在很多方面是占据优势的，但是却败给了刘邦。因为项羽自称宁折不弯，缺乏女性的灵活、迂回和妥协的特质，因此就"折"了。

那么，为什么有很多女领导被称为女汉子或者女超人，而男性鲜有男妹子呢？许多研究显示，一些传统的女性化特质比如依赖、自责、感情用事并不符合社会期望，更与领导者所具备的特质背道而驰，而自信、独立、果敢、有领导力等男性特质恰恰是作为领导者所必需的性格特征。女性领导者在长期的工作积累和锻炼中逐渐养成了领导者所需的特质，因此看起来就越来越具有男性化特征。有研究表明，双性化程度高的人更多地拥有男性化特征而不是两种性别特征的平衡。这样的人也更自信、更自尊，更受人关注。因此，评价一位女性尤其是一位女领导是女汉子，是不折不扣的褒奖，而不是我们通常理解的批评或者贬低。明白了这一点，女性可能就不会再纠结自己像不像女人了。

然而，并不是所有男性化特质都是积极的，也并不是所有女性化特质都是消极的。每种性别特质都具有积极和消极的两个方面。因此，学者们将双性化的概念区分了四个维度：积极的男性化特征，比如坚定、自信、强势等；消极的男性化特征，比如专横、固执、吵闹等；积极的女性化特征，比如耐心、亲和、责任心强等；消极的女性化特征，比如软弱、羞怯、神经质等。因此，积极的双性化特质是最受社会所认同的。当然，贝姆以及其他学者的研究还在不断修订，也具有其适用的情境。但是，这毕竟给我们提供了一个独特的视角来看待自己和周围的人。

针对北京市女性局级领导干部的一项研究的研究结果也印证了这一点（北京市社会科学联合会规划资助项目"北京市党政女性领导人才成长规律研究"）。除了256位女性局级领导干部之外，课题组还同时调研了126位男性局级领导干部作为女性领导干部的对比样本。结果显示：

（1）女性领导的压力源主要来自自身追求完美（75.2%）、社会偏见（27.6%）和能力素质不适应（23.2%）。

（2）男性领导普遍认为女性领导心细缜密、人情味浓、不受诱惑，但妒忌心强、不容人、啰唆敏感、工作方式男性化；而女性则认为自己外柔内刚、沉稳知性，但比较较真、性格软弱且追求完美。

（3）女性自认为自己权力欲低，而男性却不这样认为。

（4）男性领导认为弥合班子矛盾、灵活处理问题、进行计划组织和对外联络是女性领导所能发挥的重要作用；而女性领导自认为自己最善于前瞻性地考虑问题和研究问题。

（5）男性领导都较欣赏既有女性特点，又吸收男性优点，即具有中性特质的女性领导。

二、领导者的个性认知

领导者的个性特征与其领导风格和工作方式密不可分，也在很大程度上决定了领导者的工作绩效和组织绩效。

人格是稳定的、习惯化的思维方式和行为风格，它贯穿于人的整个心理，是人的独特性的整体写照。人格对于领导者来说非常重要，它影响着领导者的工作方式、工作风格和工作绩效。大量研究和实践表明：一定的人格类型和领导风格有着特定的关系，对团队的贡献不同，所适宜的环境也不同。

卡特尔16项人格测评也是目前世界公认的最具权威性的个性测评工具之一。它是雷蒙德·B. 卡特尔（Raymond B. Cattell），莫里斯·达冈（Maurice Tatsuoka）和赫伯特·埃伯（Herbert Eber）经过几十年的实证研究开发出来的一种自我报告的人格测试。卡特尔认为：人的行为之所以具有一致性和规律性，就是因为每一个人都具有根源特质。他运用因素分析方法找到了 16 种人格特质，并在此基础上编制了问卷。这 16 种因素分别是：乐群性、聪慧性、稳定性、支配性、兴奋性、责任性、敢为性、敏感性、怀疑性、幻想性、世故性、忧虑性、开放性、独立性、自律性和紧张性。这项测试从这 16 个相对独立的人格特点对人进行描绘，并可以了解应试者在环境适应、专业成就和心理健康等方面的表现，进而预测应试者的工作稳定性、工作效率和压力承受能力等。

我们应用卡特尔 16 项人格测评对参加中共北京市委党校中青班、街道书记班、乡镇书记班的正处级领导干部进行了测评。结果显示，作为承上启下的核心中层领导者，正处级领导干部的个性特征非常突出。

（1）正处级领导干部的敢为性非常高，敢想敢干是他们的突出特点；兴奋性也非常高，做事积极，主动进取。

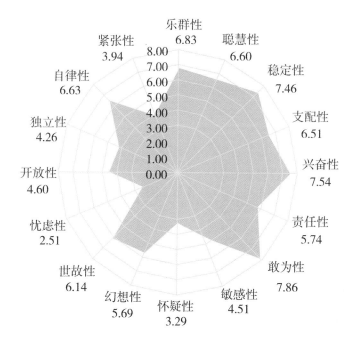

图 3－2　北京市正处级领导干部的卡特尔 16 项人格测试均值

（2）正处级领导干部的情绪稳定性相对较高，但是低于局级领导干部。情绪稳定性高是局级领导干部的突出特点。

（3）正处级领导干部普遍具有自律严谨、沉着自信、信赖随和等性格特征。在乐群性方面具有较大差异。

（4）从次级人格来看，正处级领导干部性格偏外向，具有一定的适应能力，面对新环境和新问题较少具有焦虑等情绪状况。创造性个性因素高于常值，平均达到80分左右（一般认为，超过70分为高分。分数段在15～150分之间）。

需要说明的是，人格没有好坏之分。在一些时候，自律严谨可能是优点，可是有些时候不拘小节反过来也是优点。很多时候心平气和、平心静气是好事，但是遇到紧急情况还是心平气和，不着急也不紧张，可能就会耽误事，影响工作效率。如图3－3（图中数值为某中青班以5.5中间值为坐标轴的各因素

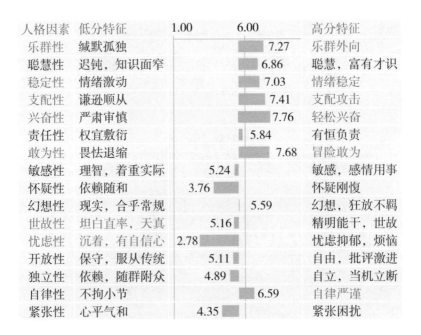

图3－3　卡特尔16项人格测试的因素对比

均值）。

　　不同于心理测评仅仅反映当前或者最近一段时间的状态，人格测评具有一定的一致性和稳定性。在一个相当长的时间内，人格测试可能保持稳定不变。不同职位和岗位的领导干部在人格方面也具有共同之处。如图3-4显示，同为正处级领导干部，三个班次的干部在敢为性、兴奋性、自律性等方面具有很强的一致性，但是在支配性、乐群性、敏感性等方面却具有一定差异。这种情况在其他班次的对比中也同样存在。

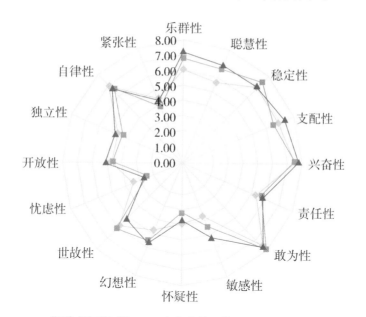

图3-4　不同班次领导干部的卡特尔16项人格测试均值对比

　　然而，一个人的性格与职业和岗位密切相关，我们的职业和岗位也在一定程度上塑造着我们的性格。比如，正处级领导干部普遍具有敢为性高和兴奋性高的特点，做事敢想敢干，冲劲十足。而到了局级领导干部的岗位上，情绪稳定性往往变得更高，但是敢为性却明显降低了。

如果对比不同领导干部的测试报告，我们可以发现，不同的测试结果反映了不同的人格类型和性格特征，进而形成相对固定的思维方式与行为风格。领导干部的测试结果在一定程度上反映出其自身的领导风格。

下面是两位领导的卡特尔16项人格测试报告。

卡特尔16项人格测试报告（甲领导）

表3－2　甲领导的卡特尔16项人格测试得分

姓名		性别	男	年龄	39
文化程度		测验耗时	00：27：11		
组织机构					
指标	原始分	标准分	指标	原始分	标准分
乐群性	16	10	聪慧性	9	6
稳定性	14	5	支配性	12	6
兴奋性	24	10	责任性	8	2
敢为性	20	10	敏感性	16	9
怀疑性	10	5	幻想性	17	8
世故性	11	7	忧虑性	12	6
开放性	5	1	独立性	9	3
自律性	13	6	紧张性	12	6
适应与焦虑型	4.80		内向与外向型		11.10
感情用事与安详机警型	2.30		怯懦与果断型		3.00
心理健康因素	25.00		专业有成就者的个性因素		43.00
创造力个性因素	72.00		在新环境中有成长能力的个性因素		15.00

该报告指导意见：

乐群性：十分乐于与人相处及共事，并能积极参与和组织团队活动，合作与适应能力特别强。

聪慧性：中等。

稳定性：情绪基本稳定，心理承受能力中等，对学习和生活中的一般问题基本能正确看待和处理，并保持适度的反应。

支配性：内在好胜心和固执程度中等，有自己的立场和观点，但也会考虑到他人的意见，常能随机应变。

兴奋性：容易兴奋，与人相处时常显得热情、轻松、健谈，充满活力，富有朝气，肢体语言较多、表情丰富，但有时也会有过分冲动的行为表现。

责任性：常以自我为中心，考虑自身和眼前利益较多，缺乏足够的责任感，事不关己时常有应付、敷衍现象，不注重遵章守规，做事容易放弃。

敢为性：不掩饰自己的思想和行为，富有冒险精神，敢作敢为、冲闯大胆，但也容易鲁莽，粗心大意，忽略细节。

敏感性：敏感，感情丰富，易受感动，心肠软，爱好艺术，不够务实，感情、直觉化色彩重。

怀疑性：戒备怀疑性中等，能适度地保持一定警觉性。

幻想性：富于幻想，多以自身兴趣爱好等主观因素为行为的出发点，可能富有创造力，但有时也会过分不切实际，因而容易被人误解。

世故性：有一定的处事经验，看待事实较为实际。

忧虑性：自信心中等，对力所能及的事，能够较好把握，但偶尔也会有一些担忧。

开放性：保守、尊重传统观念和标准，乐于接受权威性的见解，不太愿意尝试探新，反对变革，墨守成规。

独立性：喜欢合作，愿意与人共同工作，不愿独立孤行；容易放弃个人主见，附和众议。

自律性：对己的自律性，原则性属中等，基本能克制和支配自己的情感及行为，不会太出格或失控。

紧张性：不过分紧张也不完全放松，有时会出现心神不安、内在起伏波动的表现，有一些危机和压力感。

卡特尔16项人格测试报告（乙领导）

表3－3   乙领导的卡特尔16项人格测试得分

姓名		性别	男	年龄	41
文化程度		测验耗时	00：35：04		
组织机构					
指标	原始分	标准分	指标	原始分	标准分
乐群性	9	5	聪慧性	10	7
稳定性	18	7	支配性	10	5
兴奋性	8	4	责任性	13	5
敢为性	11	6	敏感性	10	5
怀疑性	7	2	幻想性	13	6
世故性	13	9	忧虑性	6	3
开放性	11	5	独立性	18	9
自律性	13	6	紧张性	9	5
适应与焦虑型	3.30		内向与外向型		4.20
感情用事与安详机警型	6.50		怯懦与果断型		6.90
心理健康因素	25.00		专业有成就者的个性因素		64.00

（续表）

创造力个性因素	89.00	在新环境中有成长能力的个性因素	25.00

该报告指导意见：

乐群性：与人保持适度交往，能在要求下参与团队和集体活动，能与他人共事，有一定的合作和适应能力。

聪慧性：中等。

稳定性：情绪较为稳定，有良好的心理素质和承受能力，在学习生活中遇到困难时较为沉着，基本能正确面对生活和环境中遭受的挫折和打击。

支配性：内在好胜心和固执程度中等，有自己的立场和观点，但也会考虑到他人的意见，常能随机应变。

兴奋性：与人相处时，有时显得有点严肃、审慎、寡言，不过多地流露自己的情感，做事喜欢深思熟虑。

责任性：做事时兼顾自身利益和原则，有一定的责任心和同情心，基本能认真负责地做事、待人和守规守法。

敢为性：胆大冒险的精神属中等，对有把握的事能采取主动方式，无把握时常有所顾忌，谨慎从事，行为举止能适可而止。

敏感性：敏感性中等，介于感性和理性之间，既能考虑到情感，也能兼顾到客观现实。

怀疑性：易信任别人，真诚坦白，无猜忌。

幻想性：思维介于幻想和实际之间，行为偶尔带有一些幻想色彩，但也能注重现实生活。

世故性：处事老练、精明，善于待人处世，看待事物客观、透彻。

忧虑性：自信心强，不易动摇和失望，有安全感，确信自己的能力，但有时也可能会过于自信，自我评价过高。

开放性：思想观念介于现代和传统之间。

独立性：独立意识强，凡事希望自己作主，不愿意依赖别人，喜欢依靠自己个人的能力解决问题。

自律性：对己的自律性，原则性属中等，基本能克制和支配自己的情感及行为，不会太出格或失控。

紧张性：不过分紧张也不完全放松，有时会出现心神不安、内在起伏波动的表现，有一些危机和压力感。

由上述报告可以看出，两位领导的各项得分均高于标准得分，但存在着一定差异，反映出二者不同的领导特质。

首先，两位领导在作答时间长短上有着明显差异，第一位领导（甲领导）作答较快，在直观上反映是典型的外向开朗，做事有激情的人格类型，但有时会比较鲁莽冲动。具体一点说，即对待事情思考少，但是办事有想法，有冲劲儿。而第二位领导（乙领导）作答时间相对较长，反映是比较机警、谨慎的人，做事深思熟虑，行为举止能适可而止。

从具体因素对比来看，第一位领导的乐群性、兴奋性、敢为性都比第二位领导高，第一位领导乐于与人相处及共事，并能积极参与和组织团队活动，合作与适应能力特别强，与人相处热情、轻松、健谈。而第二位领导则相对审慎、严肃。从敢为性上看，第一位领导非常富有冒险精神，做事大胆敢干，而第二位领导则相对比较理性审慎，既不冲动鲁莽，又不过分犹豫徘徊。在稳定性上，两人都展现出情绪基本稳定，较强的心理承受能力，能正确处理学习和生活中遇到的问题和挫折。

从怀疑性来看，第二位领导怀疑性偏低，反映了容易相信别人，无猜忌心，而第一位领导则相对能适度保持一定警觉性。第一位领导开放性低，反映了是一个保守、反对变革，相对墨守成规的人，乐于接受权威性的见解，但不太愿意尝试探新。而第二位领导相对来说思想观念介于现代和传统之间，一定程度上愿意创新，也反映其创造力所在。

从支配性和责任性来看，两位领导的支配性和责任性特质相似，有自己的立场和观点，但也会考虑到他人的意见，能随机应变，同时做事时兼顾自身利益和原则，有一定的责任心和同情心，基本能认真负责地做事、待人和守规守法。从世故性指标来看，两人均有有一定的处事经验，看待事物客观、透彻。

从敏感性和幻想性来看，第一位领导敏感性和幻想性得分高，反映了他较为敏感，富于幻想，多以自身兴趣爱好等主观因素为行为的出发点，富有创造力，但有时也会不切实际，因而容易被人误解。而相对来说，第二位领导则相对中立，既能考虑到情感，也能兼顾到客观现实，思维介于幻想和实际之间，行为偶尔带有幻想色彩，但也能注重现实生活。

从忧虑性和独立性来看，第一位领导忧虑性高，独立性低，反映其对力所能及的事，能够较好把握，但偶尔也会有一些担忧。乐于合作，但也表现为容易放弃个人主见，附和众议。而第二位领导忧虑性低，独立性高，反映其有较强的自信心，确信自己的能力，但有时也可能会过于自信，自我评价过高；反映其不愿意依赖别人，喜欢依靠自己个人的能力解决问题。

从紧张性和自律性来看，两位领导紧张性和自律性得分都居于中等，基本能克制和支配自己的情感及行为，不过分紧张也不完全放松，但在一些情况下也会出现心神不安、内在起伏波动的表现，有一些危机和压力感。

综合来看，第一位领导感性冲动，富于幻想；乐群外向，真诚坦白；敢想敢干，有时也鲁莽粗心；但非常愿意与人合作，愿意听取他人意见，不固执己见。因此，第一位领导更适合与人打交道的领导岗位，在带领团队、激励下属、推动群众工作以及对外联络合作方面可能会非常擅长。相比而言，第二位领导相对更为理性谨慎，善于周密思考；富有创造性，专业能力强；做事考虑周全，坚定不动摇；有很强的自信心，确信自己有能力把握局势，执行能力强；但有时也会有些固执、冷漠，给人不近人情的感觉。因而，第二位领导更适合出主意、定规划、做决策，推进工作的落实。也就是说，第一位领导善于用人，第二位领导适合做事。毛泽东说："领导者的责任，归结起来，主要的是出主意、用干部两件事。"这两位领导的领导风格形成互补，如果搭班子一起工作，可能会是一对好搭档。

三、领导者的能力与潜能认知

我们在现实中常常看到这样的现象，有的领导干部非常能干，上上下下都非常认可。于是，组织部门非常重视，予以及时提拔，并给他安排了更为重要的岗位。可是到了新岗位之后，这位同志却久久不能适应，自己感觉"压力山大"，大家对他也很不满意。能力、口碑方方面面受到质疑，他自己也可能开始怀疑自己的能力，不仅处于本领恐慌的境地，还可能出现焦虑、抑郁等心理状况。

我们在适应新岗位时也常常有这样的困惑：有的时候一到了新岗位就感觉如鱼得水，很快就应对自如；有的时候可能需要适应一段时间才行；还有的时候可能一直就不容易适应，而渐渐开始烦闷、焦虑甚至导致心理问题。

为什么会出现这种状况呢？有两个可能的原因。一是我们通常会用一个人现有的绩效来预测他未来的绩效，这就可能存在一定的风险。另一个可能的原因是，原来的岗位与这位领导的性格脾性相匹配，而新岗位跨度大，可能不再匹配了，甚至同他的脾气秉性南辕北辙。如果这位领导适应性不足的话，就会出现上述情况。这不仅给自己增加了压力，也往往会导致组织的管理成本增加，管理效率下降。

彼得原理指出，在任何层级组织里，每一个人都趋向于上升到他所不能胜任的位置。一个人由于在原有职位上工作成绩表现好，胜任力强，就会被提升到更高一级职位；其后，如果继续胜任则将进一步被提升，直至到达他所不能胜任的职位。换句话说，无论你有多大的聪明才智，也无论你如何努力进取，总会有一个你干不了的位置在等着你。

彼得原理陷阱是由劳伦斯·彼得（Laurence J. Peter）提出的，他是著名的管理学家和教育学家，现代层级组织学的奠基人。他不仅提出了彼得原理，还提出了木桶理论，并在1969年2月出版了《彼得原理》一书。

事实上，不同的岗位对人的要求不一样，在某一个位置干得很出色，并不意味着在另一个职位也会业绩出众。中国有根深蒂固的"官本位"思想，"升职当官"对大家而言具有极大的诱惑力，然而我们在不断的提升过程中，很可能被提拔到一个自己不胜任的岗位，并在这个"终点职位"不胜任地工作下去。通常，这个提升过程是不可逆的，很少有被提拔者会因为低绩效被退回到原来的岗位。于是，越来越多的岗位被不胜任者占据，这不仅仅使得领导者自己陷入一个进退两难的局面，同时还会造成层级组织的工作任务很多是由不胜任的人完成的，因而造成组织效率下降。这种现象在现实生活中随处可见：一位法律专家被提升为副区长后无所作为；一位信息化专家被提升为国企副总后困惑无比。

避免彼得原理陷阱的方法有很多，比如进行组织培养和岗位培训，进行多岗位锻炼，实行职务和职级并行制度等等。就个人而言，首先就是要客观、前瞻性地认识自己的能力和潜能，使得自己未来的绩效可以"预测"。

美国心理生物学家罗杰·斯佩里（Roger W. Sperry）证实了大脑的"左右脑分工理论"，并因此荣获1981年诺贝尔生理学或医学奖。斯佩里认为，左半脑主要负责逻辑、记忆、理解、分析等，右半脑主要负责空间形象记忆、直觉、情感、想象等。因而，人有两种不同的思维方式：一些人用右脑思维，他们的思维方式比较形象，直接和自发地处理信息，先纵观全局再看细节；另一些人则用左脑思维，用分析性的、有条理的方式处理信息，先看细节，再将细节拼成整体。

奈德·赫曼（Ned Herrmann）博士在此基础上提出"全脑模型"。他认为，人的大脑分为四个部分，四个部分分别负责不同的功能，并同不同的能力特长相联系。A部分为理智的本体，负责逻辑、量化、分析，属于思考者；B部分为护卫的本体，负责计划组织、管理控制、认真尽责、风险规避，属于组织者；C 部分为感觉的主体，负责表达、共情、人际交流，属于善感者和仁爱者；D 部分为实验的本体，负责探索创新、新奇冒险、统筹规划，属于创新者。

全脑模型的四个思维区如图 3 - 5。

图 3 - 5　赫曼的全脑模型

一个非常优秀的护士，可能具有如图 3 - 6 右图的全脑模型：护卫的本体（B 部分）具有较高的得分，做事有条理，认真仔细，负责任；感觉的本体（C 部分）也得分较高，有亲和力，热情，病人都喜欢她。而理智的本体（A 部分）和实验的本体（D 部分）相对较弱，但这丝毫不影响她成为一个好护士，因为这样的全脑具备了一个优秀护士所需的特质。反之，图 3 - 6 的左图就是一个不适合当护士的人的全脑模型。

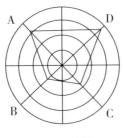　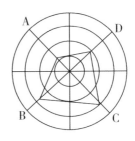

人事错配的护士　　　　　护士的平均图形

图3－6　护士的全脑模型

一个卓越的领导者，他的全脑模型可能与护士的全脑模型有很大差异，四个思维区都应处于相对较高的水平。实验的本体（D部分）可能需要比较发达，善于打破成规，勇于创新和尝试；理智的本体（A部分）也应该具有高于平均水平的得分，做事理性审慎，注重实际；而护卫的本体（B部分）所展示的认真负责、善于规划、有组织能力也是必需的；感觉的本体（C部分）发达则显示他具有较高的情商，善于换位思考，凝聚人心。因此，一个领导者应该是四个部分比较均衡的，这又被称为多重优势的领导风格。一位正职领导，可能更需要注重创新和总体规划，实验的本体（D部分）需要有更多的得分；而一位副职领导，需要具备较强的计划组织能力、执行力和应急处置能力，因而护卫的本体（B部分）需要更多的得分。

利用全脑模型分析技术，可以建立基于"大脑优势"的潜在职业素质模型。由于人的潜在素质可以影响个人动机与能力发展，因而可据此建立起各类人员产生高绩效所需的要求与标准，并应用于招聘、绩效诊断、调配及晋升等方面。我们可以通过了解一个人的素质特质和潜在能力在一定程度上预测性地知道他的工作绩效。领导干部也可以通过认知自己的能力和潜能而有意识地发挥自己的素质优势，把擅长的事情做好、做精。做自己擅长的事情，比补短板更容易让人接受，也更容易搞出花样、做出创新。"扬长"比"避短"不仅更容易，也更有可能出成绩。

全脑四个部分所对应的不同职业、工作风格和岗位适应度如图 3-7 所示。A 型风格属于逻辑型。偏重逻辑、分析，坚守底线，少退让。具有 A 象限特质的领导会要求下属务必全盘掌握事实，做决定必须合乎逻辑，而不可依据直觉或本能来反应。比如唐僧就属于这种类型。有头脑、学习能力强，对于自己认可的道理很难被情感所动摇。牛顿以及大多数科学家、理论工作者都属于这个象限。B 型风格属于实感型。关注的是事实本身，注重细节；信赖五官感受到的有形有据的事实和信息，擅长记忆大量事实与材料，习惯于按照规则、手册办事。固守现实，享受现实。如沙僧这样的人，严谨务实、重细节、执行力强；孔子、周恩来也属于这一类型。C 型风格特点为喜欢与人分享，重视团体，将"人"当作最重要的资产。C 象限的领导较为体贴，能包容坦率地沟通，所在工作场所气氛祥和。如猪八戒就是这样的人，戴安娜王妃以及大多数表演者都属于这一类型。D 型风格属于直觉型，注重基于事实的含义、关系和结论。注重"第六感觉"以及"弦外之音"，直觉型的人直觉力强，有全局视野，锐意进取，敢于冒险。更擅长解释事实，捕捉零星的信息，分析事情的发展趋向。D 象限的领导坦诚、开放，有想法，做起事来勇往直前。如孙悟空就是这样的人。李白、毛泽东、乔布斯都属于这一类型。①

---

① 才储团队，http：//www. apesk com/

图 3-7 全脑模型职业分布图

资源来源：才储团队，http://www.apesk.com/.

后来的研究表明，大脑两个半球的分工并未泾渭分明。即便存在脑区分工不同脑区的协作整合给意识带来的贡献也更大更重要。然而，从认知角度看，每个人都有不同的擅长之处，或擅长逻辑思考，或擅长沟通共情，无论这样的结果是否源于大脑分工，但是它给我们提供了一个认知自我能力和潜能的角度。基于此的工作风格和领导风格匹配度也在一定程度上指导我们的实践。

本章测试：贝姆量表

根据自己的状况，在最符合自己情形的栏内打"√"。

表 3-4　贝姆量表

编号	题目	完全不或几乎不符合	大多数情况下不符合	有时但很少符合	偶尔符合	非常符合	大多数情况下符合	完全或几乎符合
		1	2	3	4	5	6	7
1	有爱心							

（续表）

编号	题目	完全不或几乎不符合	大多数情况下不符合	有时但很少符合	偶尔符合	非常符合	大多数情况下符合	完全或几乎符合
		1	2	3	4	5	6	7
2	适应性强							
3	顺从							
4	骄傲自满							
5	活泼可爱							
6	捉摸不透							
7	爱慕虚荣							
8	实事求是							
9	有同情心							
10	效率低下							
11	善解人意							
12	温柔							
13	柔弱							
14	喜爱孩子							
15	轻声细语							
16	圆滑世故							
17	领导派头							
18	嫉妒心强							
19	喜欢冒险							
20	诚实可信							
21	胸怀大志							
22	喜怒无常							
23	坚持己见							
24	值得信赖							

（续表）

编号	题目	完全不或几乎不符合	大多数情况下不符合	有时但很少符合	偶尔符合	非常符合	大多数情况下符合	完全或几乎符合
		1	2	3	4	5	6	7
25	善于分析							
26	个性强							
27	处事果断							
28	自我满足							
29	阳刚							
30	独立							

评分标准

1、3、5、7、9、11、12、13、14、15 为女性特征。

16、18、20、22、24、25、26、27、28、29、30 为男性特征。

2、4、6、8、10、16、18、20、22、24 为中性特征。

女性化得分：女性化测试项分数总和／20 ＝ ＿＿＿＿＿＿

男性化得分：男性化测试项分数总和／20 ＝ ＿＿＿＿＿＿

双性化得分：女性化得分减去男性化得分 ＝ ＿＿＿＿＿＿

评分说明

女性化：得分 1.0 或更高。

接近女性化：得分 0.5 ～1.0。

双性化：得分 － 0.5 ～0.5。

接近男性化：得分 － 1.0 ～ 0.5。

男性化：得分 － 1.0 或更低。

本章小练习

按照下面的建议尝试进行练习。

"工作"活动 协助你多加运用、发展你原本比较不喜欢的模式	
右脑优势的人可以多做或者学习去克服的事情：	左脑优势的人可以多做或者学习乐在其中的事情：
A——左上部分大脑的活动 分析与解决技术上的难题。 对财务预算和分析报表保持兴趣。 详细记录自己的现金进出。 每年都参加电脑培训或学习对工作有利的新程序。 设定下一季度或下一年的工作目标。 参加一些非财务人员的财务培训课程。 进行统计分析。 决策时运用逻辑思维。 每日做详尽的工作计划并按此执行。 工作相关档案文件资料进行归类。 对当前每项工作详细记录并随时更新。 与同事做细致的工作交接。 保持高度的工作热情。 了解各项规章制度，约束自己及下属。 做判断时设想多种境况。 B——左下部分大脑的活动	右上部分大脑的活动——D 学会沉思，不断发掘新点子。 参加冥想训练营。 思考工作中是否有改进的空间。 为部门构想一个提升业绩的计划。 适当改善办公环境，轻松的音乐或新的挂画。 尝试用图画体现自己的想法或创意。 看关于灵性的录像资料。 为团队取一个积极进取的名字。 记住每个新同事的名字。 面带微笑地与同事交流公事。 积极参与公司组织的娱乐活动和旅游。 空暇时间和同事聊天吃饭唱歌，保持8小时之外的友好联系。 工作矛盾激化时充当调节者。 不过于坚持己见。 右下部分大脑的活动——C

资料来源：才储团队，http://www.apesk.com/

第四章

透过"人岗匹配"
看自我认知

开篇案例：把不出"彩"的工作干出"彩"来

19世纪末，西班牙一位叫大卫的船长，经营一个巨大的航运集团，控制了通往世界各国的许多航线。在他的航运集团中，有一艘运量最大的船"莎丽号"，承担着整个集团重要的航运任务。但令大卫苦恼的是，一直找不到一位合适的船长。大卫曾出重金从航运界挖来几位经验丰富、有口皆碑的船长，但奇怪的是，每一位船长在上任"莎丽号"最高执行官一职后都失败了，他们以前在其他船队中骄人的能力表现在这里遭到了严峻挑战。大卫苦苦思索许久，终于想通了一个事实：这个职位就像一个巨大的黑洞，任何一个踏上"莎丽号"船长位置的人都逃脱不了失败结局的命运。后人将此种无人可以胜任的职位称为"守寡式职位"。

出现守寡式职位的原因，一方面可能是职位设计有问题，另一方面也可能与人们对岗位的认知有关系。

从职位角度看，如果一个职位涵盖的内容过少，或者没有确定的工作任务，只是一个副手的角色，可能就很难做出成绩来。而如果一个职位具有过多的责任和权力，也可能让人难以胜任。

从人的角度看，通常一个人从一个岗位升到一个新岗位后，都可能遇到不能胜任的风险。如果能及时调整自己，不断提升自己的能力，就可能变不胜任为胜任。在有的情况下，还可能会被提升到一个"过于胜任"的岗位上，尤其在公共部门中，这种情况很多时候可能都会存在。比如，有的领导从一个任务极其紧迫的部门升任或者调整到一个相对比较"清闲"的部门；还有的领导从实职岗位提升到上一级的调研员或者巡视员岗位上；等等。这时，如果我们不能及时调整自己，尤其是调整自己的观念和心态，就可能加剧人与岗位的失衡状态。而如果我们能勇于从心态和能力上适应新岗位，则可能在不出"彩"的岗位上干出"彩"来。因为任何的岗位，特别是领导岗位，都不会是一个"清闲"的或无所事事的岗位。"清闲"或者"闲职"可能只是来自我们主观的认知。

因而，从人岗匹配来看，人的因素可能起到更重要的作用，因为人的主观能动性更大。如果我们改变对岗位的认识和对人岗匹配的理解，就能从自身出发找寻到胜任岗位的办法和途径。

有一位领导曾是一个直辖市城区的副区长，年轻有为，工作干得非常出色，他本人也觉得在这样的岗位上如鱼得水。出于组织上统筹战略的考虑，他在46岁的时候，被调整到一个委办局担任副局长。这个委办局是一个服务部门，他到了新岗位后，只主管政策研究室一个处室。在别人看来，这个岗位在责、权上都不如副区长的岗位，很难干出"彩"来。他刚刚到岗时，也有点郁闷和困惑，于是就找几位好朋友聊天。其中一位朋友的话让他恍然顿悟："岗位是死的，人是活的，以你的能力和眼界，什么样的工作做不出'彩'来！"

于是，他开始疯狂"补课"，认真学习请教了所在委办局的业务工作和政策研究室的职责要求，并到其他部门去实地调研、访谈，请教老领导、老专家，最终确定了一个战略目标：把这个政策研究室建成国内首屈一指的智库机构。

以往人们对政策研究室的印象可能只局限在整整材料、写写稿子。这位领导一开始也认为这样的工作很难做出成绩来。经过一番"补课",他发现,政策研究的功能不仅要面向本单位内部的工作,也不仅是对过去的工作进行总结,更要向外看、向上看和向前看,更多地为其他部门服务、更多地为市政府和国家部委服务、更长远地看问题和更多地做前瞻性的预研。

确定了目标以后,他首先把本单位几十年的信息资料放进一个开发好的数据库,并且推动这个数据库每天根据工作情况更新,即工作人员每天工作的同时就向这个数据库录入资料信息。这个数据库逐渐成为本行业第一个完整的数据信息库,为后来的研究和决策提供了大量数据和史料支撑。

为保证研究咨询工作的顺利开展,他争取到了市里的支持,建立了专业化的研究中心。

为获得理论和学术上的研究支撑,了解更多的前沿信息,他在7个高校挂牌了研究中心,设立课题项目,吸收相关专家参与研究和决策咨询工作。

为促进工作的长远发展,他还跟高校合作办学,委托高校开设了本行业第一个本科专业,纳入全国统招,吸收各地的年轻人加入研究队伍。他还推动教材编写和专业建设工作,邀请各地专家来校授课,并加入到教师队伍中来。

为更好地宣传本专业工作,赢得外部认可和支持,他首先办了一个内部刊物,并在时机成熟时转为公开刊物,刊登研究成果和前沿信息。

为更好地学习借鉴兄弟省市优秀做法,推动交流互助,他建立了行业研究联盟,每年定期举办论坛,大家互相交流,实现协作共赢。

限于专业工作，他所在的单位没有建立对外联系，因为国外没有这样的对应机构。但是他通过各种途径找到了国外对应工作职能的岗位官员，不断学习借鉴，从中获取了大量有益的信息和做法，也通过中外对比总结出了我国的优秀经验。这样的钻研精神获得了国外官员的高度认可，并逐渐把他的工作作为样板来学习取经。20多个国家和地区的对外联络工作也逐渐开展了起来。

这样全面而细致的工作使得政策研究室和研究中心逐渐开花结果。他们的决策咨询信息快、准、到位，受到市政府的高度重视，每个信息几乎当天就能获得市领导反馈，更好、更快地推动了工作开展。每年的系列决策报告都是市里的样板，得到市政府和国家主管部门的高度认可，获得了无数的赞誉和奖项。

5年以后，在研究中心成立纪念大会上，他的目标基本都实现了。他本人也干得越来越津津有味："我们的工作可能不一定是大跨步地前进，但是如果能点滴地推动前进的一小步，积累下来，就是进步。这是我特别自豪的地方。"一位主管领导曾经评价说，"这样开创性的工作，值得载入史册"。他的工作开创了很多"第一次"，成为至今的典范。目前，这个中心已运行十多年，产生了大量有影响力的智库成果，成为国内知名的智库机构。

由此看来，所谓的"守寡式职位"并不是绝对的，人岗匹配，关键在人。我们转变观念和认知，就能规避这样的管理陷阱，实现超越。

一、从领导风格看自我认知

领导风格是领导干部行为模式的集中体现，也是领导干部自我认知的充分展现。一个领导者在实际工作中采取何种领导风格与领导者的性格紧密相连，部分研究表明，领导者的性格因素对其领导风格具有显著影响，除此之外，领导者所处阶段、人生阅历和工作环境对领导风格都有着千丝万缕的影响。也正是领导者在岗位实践中，通过自身的一言一行以及采取的策略方式体现着领导风格。总之，领导干部的领导风格体现自我认知，反过来，领导干部的自我认知也在不断塑造其领导风格。

早在 1937 年，库尔特·勒温（Kurt Lewin）就在团体心理实验研究中提出了专制型、民主型、放任型三种领导方式，这些方式也被称为领导作风或者风格，这种理论也叫权力定位理论。勒温以权力定位为基本变量，将领导作风分为三类，即：权力定位于领导者手中，称为专制型作风；权力定位于群体手中，则为民主型作风；权力定位于群体成员手中，则为放任型领导作风。1958 年，美国的罗伯特·坦南鲍姆（Robert Tannenbaum）和沃伦·施米特（Warren H. Schmidt）提出了领导方式连续体理论。他们认为，由于领导者运用权威的程度不同和下属在决策时享有的权限不同，在"专制"与"民主"这两种极端的领导方式之间，存在着许多不同的领导方式，这些领导方式构成一个连续体。除此之外，还有诸多学者就领导风格进行研究，基于研究的视角和方式不同，研究结论也各有不同。

一般而言，领导风格由工作行为和关系行为构成。关系行为是领导者满足被领导者心理需求的领导行为，包括倾听、鼓励、表彰、表现信任、提升参与感、建立亲和关系和归属感等。领导者与被领导者进行双向或者多向沟通，是关系行为的主要特征。工作行为是指领导者清楚地说明个人或组织的责任的程度。这种行为包括告诉对方"你是谁"（角色定位）、该做什么、什么时间做、在哪里做及如何做。从领导者到被领导者的单向沟通是工作行为的典型特征。根据工作行为和关系行为，产生了四种领导风格，即告知型领导风格（高工作、低关系），推销型领导风格（高工作、高关系），参与型领导风格（高关系、低工作）和授权型领导风格（低关系、低工作）。除此之外，丹尼尔·戈尔曼（Daniel Goleman）根据情商的组成部分将领导风格分为六种类型，即远见型、关系型、教练型、民主型、示范型和命令型。

人岗匹配，需要领导者从静态和动态两个方面去研究领导行为和风格。无论领导者的行为表现为何种领导风格，必须与岗位相匹配，才能最大程度找到政府的最大公约数，形成聚力，找准方向，精准发力，就能起到事半而功倍的效果。

从静态方面来看，领导者的风格与岗位相匹配较为容易理解。专制型领导风格的领导者具有强大的自我力量，通常是问题的解决者、爱冒险、有竞争力、大胆、直接、果断、创新、坚持不懈、问题解决者、自我激励者。因此，专制型领导风格与弹性较弱的岗位相匹配。除此之外，专制型领导风格与一些突发性的公共危机岗位也较为适应，因为这种岗位需要领导者具备较强的组织协调能力、具备前瞻性、勇于接受挑战、具有创新精神，是攻坚克难的发起者。而专制型领导风格不适合行政类型的领导岗位，因为这种类型的工作岗位需要灵活变通，较为常规，恰恰相反，专制型领导风格的领导者过度使用地位、制定的标准太高、缺乏圆滑和变通、过于武断、好争论或过于盛气凌人、不喜欢常规，喜欢冒险却可能行动过急。民主型领导风格的领导者通常会集思广益，善于聆听他人的意见，坚持实事求是，通过参与来达成共识。因此，民主型的领导风格与弹性较强的工作岗位较为适应，因为这种岗位需要从长计议，接纳并参考各方的意见，讨论方案的利弊所在，从而做出最优决策。而放任型领导风格的领导者是一个优秀的说服者、完全以人际关系为导向、有魅力、自信、有说服力、热情、乐观、令人信服、受欢迎、好交际、能敞开心扉。因此，放任型的领导风格与意见收集者的岗位较为适应，比如政府的调解、咨询和顾问等岗位，这种类型的工作岗位善于传递思想与观念并影响他人，可以适应不同的情境要求，并尝试去理解他人的观点与建议，激励其他人为组织目标而奋斗，是良好的团队合作者，能通过协商缓解冲突。

通常而言，从动态方面去研究领导者风格与岗位的匹配度较为容易被忽视。需要注意的是，人岗匹配是需要从人的领导行为和风格着手去匹配岗位的需求，而不是让岗位的变动来适应领导者的行为和风格。为此，一方面，针对同一领导岗位在不同阶段的需求，领导者要灵活变动自己的领导行为和风格，避免陷入固化领导风格的泥潭而不能自拔。另一方面，针对不同领导岗位的调整，领导者需要做好心理准备，及时调整自己的领导行为和风格去迎合岗位的特殊需求。

二、从领导能力看自我认知

领导干部能力的高低不仅取决于自我成长，而且来源于领导干部的参照群体。因此，领导干部的能力和自我认知密切联系在一起，领导干部的自我认知也正是建立在精准的认识基础上，才会对自己的领导能力有比较可靠的认知。通常而言，一个领导干部的能力水平决定他为团队和职能部门带来效益的高低。显而易见，领导干部能力水平高，有助于职能部门提升工作效率，反之则会让职能部门陷入"拖后腿"的境况中。仅从微观的政府职能部门进行分析，领导干部的能力水平越高越好，如果从宏观的政府机构去分析领导干部的能力水平，则取决于领导干部的能力与工作岗位的匹配度。当领导干部的能力水平超过岗位的需求时，需要组织部门调整领导干部的工作岗位，相反情况下需要领导干部进行反思，重新进行自我认知，从而采取策略进行自我调节，取长补短，后来居上，争取实现人岗相适、人岗匹配。一般来说，领导干部的能力水平取决于才智、仁德和担当。

领导干部的才智能力，是决定领导者能否胜任工作的基础。首先必须精通业务，领导干部在工作岗位上要善于学习理论知识和经验，全面掌握本职工作以及所处领域的基本业务知识。其次领导者需要将注意力集中在提高绩效上面，政府部门的绩效取决于多个方面，需要领导者运筹帷幄，全盘考虑。再次领导者需要有创新思维，善于将左脑和右脑、"外脑"和"内脑"结合起来，全心全意为政府部门的绩效考虑。最后领导者要统筹考虑各方的意见，科学决策。为此，领导者和组织部门要将领导者的才智和岗位对应起来。当领导者的才智不足以支撑岗位的需求时，领导干部要从自身着手找问题、找差距，从而迎难而上，奋发图强，最终实现领导干部才智与岗位的匹配。当领导干部的才智远远超过工作岗位的需求时，组织部门要善于识才，做到用其所长，人尽其才。

领导干部的仁德是政府部门提升绩效的关键。领导干部能否取得工作绩效不但取决于自己，而且取决于追随者，这就对政府部门的工作环境和氛围提出了挑战。为此，领导干部首先需要"反躬自省"，认知自己的使命、优势和局限。其次领导干部要严于律己，以身作则，管理好自己的心态、情绪和行为，从而影响追随者。最后领导干部要善于识人、善于用人，用自己的智慧处理好上级、同级和下级的关系。为此，领导干部要对自我有清晰的认知，当发现自己的仁德不足以胜任领导岗位时，要反思自我，亡羊补牢，调整心态，用积极的情绪影响政府部门的环境，通过自己的努力达到工作岗位的要求，实现人岗相适。

领导干部的担当本领是政府部门提升绩效不可或缺的要素，也是新时期好干部的标准之一。领导干部的担当首先体现为领导干部需要有开拓精神，敢为天下先，遇到困难时能打开工作局面，关键时刻有胆识和魄力。其次领导干部面对变化，方向要坚定，信念要坚守，意志要坚强，认准目标，咬定青山不放松，要有钢铁般的意志攻坚克难。再次领导干部还需要具备抗逆能力，在压力面前不低头，在危机的紧要关头能够化险为夷，扭转局面。最后领导干部要勇于担当，重于负责，在一些棘手的难题面前勇于做排头兵，冲在第一线，毫不退缩。如果说领导干部的才智和仁德与岗位匹配较为容易被识别，那么领导干部的担当本领与岗位相适则需要在具体的工作中被识别，尤其在一些突发公共危机事件中更能找到领导干部的担当与岗位相适的端倪。为此，需要从事前、事中和事后进行监管，从而评估领导干部担当本领与岗位的匹配度。

三、规避领导岗位匹配陷阱

建立以事择人、人岗相适的选人用人机制，一方面能为政府部门选取适合岗位需求的人才，另一方面也为领导干部的职业规划提供了可借鉴和参考的依据。尤其为党政领导干部今后的工作进程提供了导向，促使领导干部重新审视自我，进行自我检讨，发现自身的优势和不足，对照岗位需求找差距，最终实现人岗匹配。但是，在建立人岗匹配的选人用人机制中，需规避领导岗位匹配的陷阱，减少错误的选人用人导向。

第一，规避追求完美主义倾向。在对领导干部的选拔过程中，需要保持一种适可而止的心态，避免完美主义的选人用人心态。因为在选拔过程中，领导岗位处于空缺状态，如果组织部门精益求精，选拔太过苛刻，势必会浪费很多时间，也会给机构的运作带来不可避免的损失。相反，如果抱着适可而止的心态选拔领导干部，一方面能及时填补领导岗位，保持机构的正常运作，另一方面，放开选拔的条件，符合领导岗位的候选人都会竞争岗位，从而能选拔适合岗位的领导干部。

第二，规避单一的"唯能力论"等倾向。当前很多机构在选人用人过程中，单纯追求所谓的能力，从而避免了仁德和富有责任心、使命感等领导素养，这种错误的选人用人导向也许能解决一时之急，但终归会对机构的环境和氛围造成不良影响，甚至在一些危急关头，顶不上去，相互推诿，责任感不强。从长远考虑，也不利于机构的正常运作和效益的提升。正确的选人用人导向务必把各种影响因素都考虑进去，在一些重要领域适当增加岗位需求的权重。

第三，规避静态的人岗匹配机制。领导干部的人岗匹配必须从静态和动态两个方面考虑领导干部与岗位的需求，单纯从静态去考虑，只能解决一时之需，如果领导干部不求上进，占其位不谋其政，从长远考虑，则会给机构带来损失。如果从静态和动态两个方面去考虑领导干部的人岗匹配，一方面能兼顾机构当下和长远的效益，另一方面也会为领导干部的选拔任用提供正确的导向。

第四，规避"唯考试论"而不重视实践的选人用人导向。当前，我国公务员选拔主要采用考试的方式，选拔的领导干部理论知识很强，但缺乏实践锻炼，相反，从基层晋升的领导干部实际经验很丰富但缺乏理论知识的武装。人岗匹配的正确选人用人导向应该兼顾理论修养和实践锻炼，"两手抓两手都要硬"，才能经得起时间的考验，这也为领导干部对工作岗位的自我认知塑造了很好的标杆。

四、胜任力与自我认知

新时期，在企业管理和咨询的实践中，企业选拔人才，"胜任素质"是帮助企业实现最佳"人岗匹配"的有效工具，实践也证实了胜任力在企业的人岗匹配中发挥着重要作用。胜任力的研究由来已久，也在政府选拔任用人才中得到了重视，但如果将胜任力与人岗匹配进一步深度融合，则会为领导干部的人岗匹配提供一种很好的解释工具。实际上，领导干部的人岗匹配本质上就是胜任力的应用。

胜任素质的应用起源于 20 世纪 50 年代初，著名的心理学家，哈佛大学教授戴维·麦克里兰（David C. McClelland）博士是国际上公认的胜任素质的创始人。当时，美国国务院感到以智力因素为基础选拔外交官的效果不理想。许多表面上很优秀的人才，在实际工作中的表现却令人非常失望。在这种情况下，麦克里兰博士应邀帮助美国国务院设计一种能够有效地预测实际工作业绩的人员选拔方法来解决这一难题，实现"人岗匹配"。在项目过程中，麦克里兰博士应用了奠定胜任素质方法基础的一些关键性的理论和技术。例如：抛弃对人才条件的预设前提，从第一手材料出发，通过对工作表现优秀与一般的外交官的具体行为特征的比较分析，识别能够真正区分工作业绩的个人条件。随着胜任力研究的逐渐普及，中国学者胡月星对公务员的胜任力进行了实证研究，通过问卷调查，从中筛选出公务员胜任特征必备的核心能力，分别是能力（解决实际问题的能力、政策贯彻能力、政治鉴别能力、合作共事能力、综合分析能力、协调能力、决策能力）、品质（务实精神、责任心、廉洁、进取心、大局意识、公道正派、诚信）和知识（政策法规、领导科学、公共管理、业务管理、经济管理）。

那么政府应如何通过"胜任力"来识人选人，进而实现"人岗匹配"呢？

第一，建模。根据机构自身情况，建立起符合机构自身特点的岗位胜任素质模型。胜任素质是从品质和能力层面论证个体与岗位工作绩效的关系，是个体的态度、价值观和自我形象，动机和特质等潜在的深层次特征，是将某一工作（或组织、文化）中表现优秀者和表现一般者区分开来的基础。具体方法：一是根据岗位要求和职位评估系统归纳总结岗位关键胜任要素，形成岗位胜任素质模型框架；二是通过管理访谈、管理层研讨，对模型框架做有针对性的调整和修正，并细化胜任特质的典型行为；三是在初步的胜任素质模型基础上，形成评估要素列表，制订评估框架并选择、组合评估方法，从而建立起完整的胜任素质模型。

第二，定标。根据胜任素质模型评估各个岗位应该具备的能力。通过外部专家、内部管理人员以及需评价岗位的直接上司、在岗人员及其下属共同对该岗位所需要的胜任素质水平做出评估，同时，参考同类组织对相应岗位的要求，建立企业所有岗位的胜任素质标准。

第三，评价。通过对政府机构的管理诊断和评估，建立发展评价中心，包括心理测验（包括能力倾向测验、职业兴趣测验、动机测验、管理风格测验）、情景模拟（包括文件筐、无领导小组讨论、角色扮演、管理游戏、案例分析等）和专家面谈（包括结构化面谈、半结构化面谈和非结构化面谈）。

第四，知人。以"人岗匹配"为原则，根据所建立的胜任素质模型，应用已经建立的发展评价中心，对现有关键岗位进行人员素质评估，根据胜任素质模型和参照标准，在胜任素质的各个维度上进行比较，对不能达到任职要求的人员进行调整和有针对性的培训。从而保证组织调整的顺利完成，并建立起自身独立的知人系统，将岗位胜任素质变成企业的核心竞争力之一。

知人善任是实现"人岗匹配"的最后一步，也是发现并最大程度地利用领导干部的优点，把合适的人放在合适的位置，尽量避免人才浪费的最关键的一步，"没有平庸的人，只有平庸的管理"。每个人都有自己的特点和特长，知人善任，让自己的下属去做适合他们的事情，这样才能充分发挥他们的工作潜能，实现人才的有效利用。许多成功的管理者都善于识人，并把人才放在适当的位置上。汉高祖刘邦就是一个知人善任的高手，他善于发现每一个人的特长，根据人才的特长，将其安排到合适的岗位，"人岗匹配"，让他们最大程度地、充分地发挥自己的积极性和作用，真正做到了"职得其人""人适其职"，如用韩信带兵，张良出谋，萧何保后，他都安排得有条不紊，正如他所说的："夫运筹帷幄之中，决胜千里之外，吾不如子房。镇国家，抚百姓，给馈赏，不绝粮道，吾不如萧何。连百万之众，战必胜，攻必取，吾不如韩信。"这是刘邦在楚汉相争中最后获胜的根本原因。

选拔领导干部，首先要对领导干部的才能、兴趣等了然于胸，有了透彻的了解，才能针对某项特定的岗位选择适合的人选，让合适的人做合适的事，这样才能"岗得其人""人适其岗"，达到人岗匹配的效果。因此，政府组织部门在用人的时候，应该多一些理性，少一些盲目；多一些人尽其才的意识，少一些大材小用的虚荣。政府组织部门应以每个领导干部的专长为思考点，安排适当的岗位，并依照员工的优缺点做机动性的调整，这样才能"岗得其人""人适其岗""人岗匹配"，达到人与岗的统一，让机构发挥最大的效能。

五、大数据应用与自我认知

　　大数据是近年来兴起的一个热点研究话题。实践也证实了大数据的应用能提高政府工作的效率。大数据在人岗匹配中的应用尤为重要，它不但能为领导干部的选拔提供可靠的数据分析，而且能为领导干部的晋升和考核提供有价值的参考。基于大数据的应用，一方面，领导干部要勇于接纳创新技术，不能因为不会使用而产生怀疑甚至抵触的情绪。领导干部要不断学习，不断调试自我认知，从而跟上变革时代的步伐。另一方面，大数据应用于领导干部选拔任用、考核和评估中，必然会与传统的选拔任用、考核和评估的结果有所不一致。对此，领导干部要有清晰的自我认知，尤其是身居一线的老干部群体。不能因为不懂、不会就对此抱有怀疑的心态，领导干部应该从主观找原因，重新审视自我认知，以一种积极健康的心态来迎接挑战。

　　领导干部的人岗匹配研究，离不开传统的研究工具，但更应该与时俱进，在未来，基于大数据技术的人岗匹配对领导干部的选拔将扮演非常重要的角色。传统的人岗匹配，不仅从岗位分析到人才搜寻、从素质测评到岗位匹配的每个步骤都需要较长时间，而且人事部门既无法在激烈的人才竞争中快速搜寻到合适的人才，也无法预测员工的离职倾向，因此匹配效率较低。将大数据技术植入人岗匹配流程中，对人岗匹配流程进行优化与再造，应用大数据技术挖掘和分析人岗匹配中人才搜寻数据以及岗位数据的潜在规律，实现了人员搜寻与岗位分析的同步进行，促进了信息化工具与人力资源管理的有效融合，提高了人力资源管理中的人岗匹配度，进而提高了政府选拔人才的运行效率。

第一，数据的实时生成、采集与集成处理。人岗匹配中的数据是指随着人岗匹配工作流而无意识产生的数据，包括岗位胜任力需求数据以及人员素质供给数据。因此，这一环节的中心任务是依托大数据平台，通过网络、数据库、社交平台等信息生成人岗匹配所需的数据。通过数据处理平台高性能的数据存储、分析技术，对搜集到的岗位胜任力需求数据以及人员素质供给数据进行预处理，分析、预测岗位定员人数、岗位胜任力以及岗位员工稳定性，根据不同的岗位胜任力要求，确定岗位所需人才的能力素质要求，并通过网络招聘、社会招聘、校园招聘等不同形式发布招聘信息，挖掘、收集应聘人员数据，分析搜寻应聘人员的性格特征、学习能力、经验技能、知识储备、就业倾向、社会关系等情况，形成人岗匹配中的初级人才数据库。

第二，岗位胜任力需求、人员素质供给的匹配测算。如何客观、准确地评估岗位胜任力需求以及人员素质供给是人岗匹配测算的重点。为进一步提高人岗匹配的信效度，在数据采集、集成处理的基础上，根据岗位胜任力特征要求建立岗位所需的人员素质模型，并结合已有的人岗匹配度测算研究，计算人岗匹配度。

第三，人岗匹配的动态跟踪。依托大数据平台分析岗位胜任力特征以及岗位所需人员的能力素质，并通过人岗匹配度算法绘制出人岗匹配的散点图，以此作为企业人岗匹配决策的依据，真正实现人岗匹配决策从"业务驱动"向"数据驱动"的转变，提高决策的客观性和科学性。同时，对匹配到岗的人员通过数据处理平台实现动态跟踪，及时了解岗位员工需求，实现人岗匹配的实时调整。这一分析结果也可为后续的人岗匹配提供参考，以不断优化数据处理平台对于数据的处理、运算功能，提高大数据技术在人岗匹配中的普适性。

本章测试：领导能力倾向测试

请在符合自己情况的栏内打"√"，"是"或"否"。

表4-1　领导能力倾向测试题目

编号	题目	是	否
1	别人拜托你帮忙，你很少拒绝吗？		
2	为了避免与人发生争执，即使你是对的，你也不愿发表意见吗？		
3	你遵守一般的法规吗？		
4	你经常向别人说抱歉吗？		
5	如果有人笑你身上的衣服，你会再穿它一遍吗？		
6	你永远走在时髦的前列吗？		
7	你曾经穿那种好看却不舒服的衣服吗？		
8	开车或坐车时，你曾经咒骂别的驾驶员吗？		
9	你对反应慢的人没有耐心吗？		
10	你经常对人发誓吗？		
11	你曾经让对方觉得不如你或比你差劲吗？		
12	你曾经大力批评电视上的言论吗？		
13	如果请的工人没有做好，你会有所反应吗？		
14	你惯于坦白自己的想法，而不考虑后果吗？		
15	你是个不轻易忍受别人的人吗？		

（续表）

编号	题目	是	否
16	与人争论时，你总爱争赢吗？		
17	你总是让别人替你做重要的决定吗？		
18	你喜欢将钱投资在财富上，而胜过于个人成长吗？		
19	你故意在穿着上吸引他人注意吗？		
20	你不喜欢标新立异吗？		

评分标准与测试结果

表4-2 领导能力倾向测试评分方法

题目编号	评分方法		题目编号	评分方法	
1	是→1	否→0	11	是→0	否→1
2	是→1	否→0	12	是→0	否→1
3	是→1	否→0	13	是→0	否→1
4	是→1	否→0	14	是→0	否→1
5	是→1	否→0	15	是→0	否→1
6	是→1	否→0	16	是→0	否→1
7	是→1	否→0	17	是→1	否→0
8	是→1	否→0	18	是→1	否→0
9	是→0	否→1	19	是→1	否→0
10	是→0	否→1	20	是→1	否→0

如果你的分数是14~20分，你是个标准的跟随者，不适合领导别人。你喜欢被动地听人指挥。在紧急情况下，你多半不会主动出头带领群众，但你很愿意跟大家配合。

如果你的分数是7~13分，你是个介于领导者和跟随者之间的人。你可以随时带头，或指挥别人该怎么做。不过，因为你的个性不够积极，冲劲不足，所以常常是扮演跟随者的角色。

如果你的分数是6分以下，你是个天生的领导者。你的个性很强，不愿接受别人指挥。你喜欢指挥别人，如果别人不愿听从的话，你就会变得很叛逆，不肯轻易服从别人。

微信扫码

★提升领导干部
素质 ★加强党员
干部修养
另配文章资讯、
智能阅读向导

第五章

透过"改变态度"
看自我认知

开篇案例：为什么是"中年危机"？

老刘今年 47 岁，是学法律的科班出身，30 多岁升任正处，40 多岁升任正局，现在是某局的局长。无论是上级还是下属，对老刘都非常认可，自己工作起来也得心应手，各种荣誉奖项拿到手软。生活上，夫人是自己的大学同学，儿子在名校就读，同学朋友一大帮，经常呼朋唤友聚会聊天。老刘自己平时喜欢摄影和下围棋，也都做到了专业水准。在紧张的工作之余，老刘还时不时抽空自驾出去转转。工作生活方方面面都是别人羡慕的对象。

然而，最近老刘却越来越高兴不起来，觉得各个方面都在束缚着自己，总是幻想着要逃离。早晨睁开眼睛一想，总觉得自己这辈子就这样过去了，工作上没有什么亮点，生活上也没有什么精彩之处，无论如何不能再这样下去了，一定要换个活法。可是，细想起来，老刘还真没有找到自己哪里不好，好像方方面面都比别人还要好一点，可是自己就是觉得人生很失败。

很多研究表明，人类的幸福感受到年龄的影响，呈现两头高、中间低的 U 型曲线现象。人们在儿童和老年时期往往幸福感比较高，而到了中年就会跌入谷底，进入"中年危机"。在全世界范围内的调查显示，人们的幸福感随着年龄增长会逐渐下降，35 岁以后会快速下降，在大约 50 岁左右达到谷底，然后又反弹提升，大约 60 岁以后幸福感会快速提升。不同国家的数据，所用的调查问卷不同，调查样本和统计分析方法也不尽相同，U型曲线的形态和谷底所对应的年龄也有所不同，但是仍然呈现出两头高中间低的同样规律。针对80个国家的调查显示，有55个国家的U型曲线谷底出现在46岁；针对149个国家的调查数据显示，生活满意度的谷底区域分布在39～57岁之间，平均的谷底在50岁。两项研究都对数据进行了处理，排除了收入、职业、婚姻状况、居住地等其他因素的影响。也就是说，人们对生活的满意度跟自己所处的境况可能关系不大，即使其他条件都不变，到了中年，人们也可能容易郁闷和不满。虽然压力和困苦一直都在，但是人们普遍在中年时期觉得迷惘失落。

有趣的是，针对大猩猩和黑猩猩精神状态的调查数据显示了同样的趋势：在动物年龄相当于人类45～50岁的时候，它们的精神状态同样到达谷底。

由不同国家的动物学家和心理学家组成的研究小组在研究了生活在美国、日本、加拿大、澳大利亚和新加坡动物园及自然保护区内的508只类人猿后发现，黑猩猩和红毛猩猩的幸福感同人类一样，都呈现出U型模式，青年时最高，进入中年开始下降，到老年时又开始上升。中年危机的根源或许可以从生物学中找到答案。

老刘把自己的烦恼跟一位60多岁的老领导交流后发现，这位功名成就的老领导在50岁左右经历了和自己一样的失落、郁闷和迷惘。虽然退休以后，经历了一场大病，家里老人也生病去世，最得力的下属也让自己特别失望，但是这位老领导却觉得越来越轻松、自在和满足。许多人过了60岁以后才突然发现，当时自己的不满并非源自工作，也不是来源于家庭或者别的其他方面，而是年龄增长了。

一些实证研究对此作出了解释：随着年龄的增长，人们会越来越将时间投入到自己认为最重要的事情上，尤其是有意义的关系里，更加活在当下、享受当下。年长的人在情绪调节方面的能力会比年轻时要强，也更加包容和深谋远虑。他们还会逐渐调整自己的期望值，减少不切实际的期望，从而重新感到幸福和快乐。老年人的大脑在面对消极刺激的时候，反应比年轻人的大脑要小得多。健康老年人（平均年龄 66 岁）对悔恨的反应比年轻人（平均年龄 25 岁）要低得多。所谓老者多智者，是有一定道理的。

当然，我们也并不能说，随着年龄的增长，人们就会自动变得睿智。但是 U 型曲线的价值可能更多地在于文化和社会心理方面。它让我们从另外一个角度理解中年生活，不会再那么失落和焦虑，也让我们对周围处于中年时期的人更加包容和关爱。理解 U 型曲线帮助我们自己也帮助别人逐步走出"灰色中年"。

一、领导干部健康心态的重要性

健康心态，是指个人心理的各个方面及活动过程处于一种良好、正常的状态，主要表现为对自己有清晰的自我认知、积极的情绪体验、健全的个性品质、正常的行为反应和良好的人际关系。领导干部作为新时期党的群众路线践行的重要参与者和执行者，发挥好连接人民群众与党的群众路线的桥梁枢纽作用，直接关乎党的形象和人民群众的获得感、幸福感、安全感。这其中，党的群众路线的顶层设计起着关键性作用，而党员干部的自身素养和能力水平决定了其执行力。一个心态健康的领导干部更易于将党的主张、政策和规划传达给人民群众而被人民群众所接纳。由此可见，领导干部健康心态对自我发展、组织效能和国家治理都起着重要作用。

领导干部健康心态为自我发展奠定积极的心理资本。健康心态的领导干部无论在生活中还是工作中，都能够心态平和，不骄不躁，用平常心善待他人，积极工作，接纳自我，因而既能获得内心世界的平静，还能获得他人的尊重。具体表现为：一是健康心态激发领导干部干事创业的内生动力。当前领导干部由于工作性质的复杂性，"上面千条线，下面一根针"，领导干部背负着巨大的工作压力和负担，缺乏心理释放的空间和渠道，由此导致领导干部担当作为的动力不足。健康心态恰好弥合了领导干部的焦虑感，促使领导干部积极面对工作压力，激发了领导干部敢担当善作为的内生动力。二是健康心态助力领导干部建立良好的人际关系。积极心理学研究充分证实，积极心态的领导干部善于处理好上下级关系、善于解决好工作中的风险和危机、善于影响追随者的心态和行为模式，在某种程度上可以说拥有积极心态的领导干部更具有个人魅力。三是健康心态是新时期高素质领导干部的内在要求。新时期，国际形势风云变幻，国内改革开放和社会主义现代化建设进入攻坚期。为此，党中央对高素质干部队伍建设提出了更高的要求，既要忠诚干净又要有担当，进取是心，担当是力，健康心态为领导干部的担当奠定了心理基础。四是健康心态助力领导干部克服工作中的困境。领导干部的健康心态不但有助于酝酿良好的工作和生活氛围，而且能拉近领导干部与人民群众的距离，获得人民群众的接纳和支持。长此以往，领导干部在工作中就能得到更多的支持，规避更多的阻力。为此，在领导干部必须发扬健康心态这一优良品质，从而优化领导干部的工作氛围，净化领导干部群体的心理环境，积极有为，进取担当。

领导干部健康心态有助于优化组织氛围，提升组织效能。现代管理学研究表明，一个健康心态的领导者不但能调动组织氛围，而且能提升组织效能。新时期，中国正处于全面深化改革的关键时期，尤其面临防范化解重大风险、精准脱贫、污染防治三大攻坚战的难题，加上新冠肺炎疫情的考验，对领导干部提出了更高要求。为此，亟须保持领导干部的健康心态。强化领导干部的健康心态，不但有助于影响追随者积极有为的精神面貌，而且能为领导机构的效益产生正向的激励。因此，我们需强化领导干部的健康心态，提高领导干部积极有为的工作氛围。当领导干部察觉自己的心态不乐观时，要能及时地调整好自己的心理状态，以适应工作的要求。具体应从以下几个方面开展：首先，重视领导干部的心理健康培训工作。政府部门应该建立专门针对领导干部心理健康培训的队伍，并加大对心理健康培训基础设施的投入，为领导干部心理健康培训提供良好的物质基础。其次，引导领导干部掌握各种健康心态的技巧，从而极大地消除消极心态，在领导干部群体中树立积极心态的氛围。最后，建立完善的心理问题识别机制，早发现、早治疗、早康复，这样既能规避因领导干部心态不良导致的风险，造福于民，又能挽回领导干部的口碑和形象，忠诚于党。

领导干部健康心态助推新时期国家治理体系和治理能力现代化早日实现。新时期新在何处？习近平总书记在江西考察时指出："领导干部要胸怀两个大局，一个是中华民族伟大复兴的战略全局，一个是世界百年未有之大变局，这是我们谋划工作的基本出发点。"这为国家治理体系和治理能力现代化的早日实现提出了挑战，也是一次难能可贵的机遇。能否抓住机遇的关键就在于领导干部能否以壮士断腕的精神推动改革，坚持全国一盘棋，充分调动各级领导干部能担当善作为。为此，一方面要从制度体制等硬约束着手激励领导干部，另一方面要从心理资本等软约束着手，激发领导干部进取担当的内生动力。领导干部健康心态是心理资本的重要要素，只有不断强化领导干部的健康心态，切实增强领导干部的荣誉感、归属感和获得感，才能助推国家治理体系和治理能力现代化早日实现。

二、规避消极态度，健全自我认知

不可否认的是，领导干部无论在工作还是生活中总会遇到或轻或重不如意的境遇，这种不如意的境遇不但会影响领导干部的心理健康，而且会造成领导干部对自我认知判断出现偏差。领导干部一旦出现消极心态，定会对领导行为的选择产生负面影响，从而影响领导者的态度。为此，需要对领导干部进行积极引导和疏导，尤其是对影响领导干部态度的心理健康因素（焦虑、抑郁、攀比、妒忌、孤独等）进行干预。

焦虑是很多领导干部产生心理问题和障碍的主要原因，进而给工作和生活带来困惑。今天已经是一个"人人都焦虑"的时代，每一个人面对生活中的种种负面事件，以及面对不确定性的未来时，总会产生不安全感，这种不安全感会让人感到紧张焦虑。这种焦虑感是很正常的，是重视某个事件或活动而产生的很正常生理反应。一般来说，焦虑能随着压力源的重复出现而逐渐适应，或者随着压力源的消失而自行消失。焦虑感到底来自哪里？一般来说，焦虑感源自"不确定的状态"，而行动就是战胜焦虑最好的武器。比如，如果领导干部对事业发展方向心存迷茫，不妨先结合自身情况冷静分析，找到最适合自己的路，然后下定决心勇敢地放手去做。

抑郁也是一种很常见的情感体验，常常被形容是"心理疾病中的普通感冒"，因为几乎人人都体验过这种情绪低落或者非常不高兴的状态，并且这种状态时常发生。当人们遇到工作、生活中的各种打击、挫折、痛苦时，非常自然地会产生抑郁苦闷的情绪，产生这样那样的消极认知的思维定式。比如，不爱说话，不想见人，觉得大家都跟我过不去，觉得我怎么那么倒霉，等等，整体上表现为对自己的消极看法、对当前的消极体验、对未来的消极预测。当前，抑郁已经成为影响世界人口心理健康的"第一杀手"，据 2017 年世界卫生组织对外公布的数据显示，全球抑郁症患者超过 3 亿人，约占世界人口的4.3%，据《健康中国行动（2019—2030 年）》披露，中国抑郁症患病率达到 2.1%。而领导干部作为一个特殊群体，工作和生活压力非常大，情绪易受外界的干扰，而排解压抑情绪的渠道有限，一旦压抑情绪排解不出去，久而久之，积怨成疾。这种压抑情绪如果找不到排解的渠道，容易引发抑郁症。为此，领导者个人、家庭和政府部门都要重视领导干部的抑郁心理，"千里之堤，溃于蚁穴"，应该早发现早预防，把抑郁症的苗头扼杀在摇篮里，而一旦出现较为严重的抑郁症，需要家庭、机构单位同事和朋友等提供情感支持，帮领导干部释放压抑的情绪。

　　攀比源于人们内心中追求虚荣的本性。从心理学的角度来看，攀比在本质上是成就动机过高，自身能力相对不足。一般来说，成就动机低的领导干部，往往会显得胸无大志，不思进取，难以成为一名优秀的领导者。例如，三国时期留下"乐不思蜀"典故的后主刘禅的成就动机就极为低下。但是成就动机过高、超越自身能力水平时，又没有摆正自身位置，既不自知、也不知足。攀比心就像是一把双刃剑，从积极的方面来看，它可以激发领导者的潜力，促使人奋发向上，成为生活和事业发展的动力。从消极的方面来看，它会膨胀领导者的贪婪和虚荣，让人们的心理渐渐失衡，成为事业和生活发展的阻力。古人云，"祸莫大于不知足，咎莫大于欲得"。攀比之心，往往源于不自知和不知足。警惕攀比之风，贵在懂得知足。综观一些落马官员，他们一开始尚能做到清正自守，但看到老板们有求于己，认为他们远不如己，却能坐拥豪宅、豪车代步，一番攀比之下，心态便逐渐发生变化，越来越不满足于现有的生活，最终内心扭曲，在行为上一发不可收拾。正是攀比，导致他们在思想上行动上误入歧途，令其忘记手中的权力是人民赋予的，以为是自己的私权，可以为所欲为。

　　妒忌是一种对别人的才能怨恨、对别人的成就恐惧和对别人超过自己而忧虑的思想情绪，是一种扭曲的、不健康的心理状态。对于领导干部来说，妒忌的对象往往是对方的权力地位、名誉声望、业绩成效等方面超过了自己。妒忌根据个人的心理素质、道德修养等差异而表现出不同程度的区别，轻者表现为郁郁寡欢、心神不宁；重则表现出对他人的深恶痛绝的仇视心理。妒忌使得很多领导干部在心态上变得偏激，导致心理紧张和产生攻击欲望，甚至有可能做出违反道德准则和党纪国法的事情来。妒忌心理不但会伤害到别人，也会伤害自己，严重的时候会导致自己一无所有。每个人都有自己的优点，我们也没必要去妒忌别人。妒忌别人会严重影响到自己的身心健康，如果我们整天沉溺在对别人的妒忌之中，没有好好地思考该如何提高自己，这样会导致我们越来越比不上别人，延误了自己的前途。所以我们要了解到妒忌的危害。妒忌心理是一种不利于我们身心发展的心理效应。如果我们一直逃避或者抵抗的话，你会发现自己的妒忌心理会越来越严重。所以，如果你平静下来，接受它，慢慢地它就会平息下来。所以如果我们发现自己有严重的妒忌心时，不妨安静地等待它的消逝，不要强迫自己去战胜它。有妒忌心理其实很正常，是一种突出自我的表现，但是如果你无论遇到的每件都首先考虑自身的得失的话，就会产生一系列不良后果。如果出现妒忌的心理，我们应该要学会自我约束，放好自己的心态，摆正自己的位置，努力驱除妒忌心理，这样我们就会有一个比较好的心态，妒忌自然也就消失了。

领导干部经常会感到孤独，因为身处高位、高瞻远瞩，但身处的环境往往不遂心意，自己的追求抱负、工作思路等得不到理解，不能按照自己的意愿或计划行事，正所谓"高处不胜寒"。当觉得"没人理解我"时，这种孤独的感受就会悄然而至。有的领导者为了确立其领导地位，保持神秘感，拒绝与一般下属亲近，更不用说与下属建立起一种亲密的私人关系了，刻意保持一种拒人千里的孤独冷漠状态。心理学研究表明，会产生孤独感，首先是重要社会关系缺失。并不是所有的社会关系对消除孤独有帮助，一个人真正所需要的关系，是与其内心需要相匹配的社会关系。对于孤独这种心理状况，领导干部要一分为二看待。一方面,领导干部要努力走出孤独的高地。处于孤独中的领导干部或多或少心理会承受更多的压力,更切身地体验到世态炎凉,更有甚者心理健康亮起了红灯,整日郁郁寡欢、消极避世,沉浸在孤独的泥潭中而不愿意挣扎出来。为此,领导干部首先需要对孤独有一个清晰的自我认知和评估,在此基础上,领导干部通过身体力行的行动,从而不断调节心理情绪、拓展人际关系、重塑积极心态,逐步走上摆脱孤独的康庄大道。另一方面,领导干部要化孤独为优势。尤其是在新时期,党员干部面对灯红酒绿的诱惑,要学会享受"孤独",将孤独看作是坚定信念的必经过程。要不为名所利、不为财所倾、不为情所困,牢固树立替民思、为民想、解民困的从政理念,将孤独看作是埋头苦干的必备修养。涵养高尚情操、塑造优良作风、力行勤俭朴素,要脚踏实地干事创业、敢于担当,将孤独看作是严于律己的优良品质。在内心构筑一道"孤独"底线,不追求物质享受、不追逐虚荣名利、不陶醉富足生活,克己奉公,留一片净地。党员干部在"孤独"中,强大内心,净化党风政风之气,让党心民心收获正能量。

三、建构积极态度,保持健康的心理特征

领导干部在规避消极态度的基础上,要积极建构积极态度,提倡正能量。一方面有助于为与领导岗位相联系的整个系统提供活力和动力,尤其是追随者;另一方面,领导干部通过建构积极心态,身体力行,率先垂范,以上率下,形成"头雁效应",从而能为领导职能部门增进效益。

领导干部保持健康的心理特征能为领导干部的工作和生活奠定基础。健康的心理状态意味着领导干部能保持清晰的自我认知，这为领导干部的权力观、政绩观、地位观、利益观、金钱观和群众观扫除了精神层面的障碍。基于此，领导干部一是要保持一颗平常心，拥有一份成就感。良好的情绪情感体验与精神状态直接相关，有的领导干部情绪反复无常，大起大落；有的干部虽然情绪正常，但心理世界比较脆弱，没有一颗平常心，一有风吹草动就做出极端的行为。领导干部应保持平常心，实实在在做人，堂堂正正做官，勤勤恳恳做事，认清自己，把握自己，随时调整自己的情绪。再者，从发展的角度看，每个人都需要有一份成就感，自己应该肯定自己，不要因为一点小小的事情就惊慌失措，因为小小的挫折而否定自己过去的一切，动不动就情绪失控，垂头丧气，失去信心。二是学会心理换位，积极调节。当不愉快的时候，面对挫折的时候，想想自己过去是如何一步一步战胜各种各样的困难挫折走到今天，想想如果没有很好地努力，没有一个很好的精神状态是达不到今天的地位的。面对今天的挫折，想想过去一步一步坚强地走到现在的奋斗过程也是一种激励。从发展的角度时刻审视自己的努力、奋斗的过程，时刻铭记组织的辛苦培养，有助于领导干部时刻积极地面对挫折，避免情绪失控、垂头丧气。在挫折面前时刻给自己激励，在日常生活中站在不同的角度看待问题，那么情绪世界、情感世界会逐渐趋于平静。三是知足常乐，适度满足。领导干部要学会知足常乐，但实际生活中知足并不见得常乐，只有知足加不知足才能常乐。知足意味着对自己的状况很满意；不知足就要采取策略去发展、积极进取，包括工作、学习、关系、健康等方面，都希望能有个新的成绩、有个新的状态。知足加不知足才能常乐，像水一样不要自满，也不要干枯，处在经常流动的状态中。在亏盈的世界里，一方面要知道自己的不足，也不要过度的自满造成傲慢自大；另一方面要肯定自己过去的发展表现，同时要对生活有新的追求。四是保持情绪稳定，心境愉快。心理学研究把心境看得比较重，我们每天都处在工作、生活、学习带来的心境感受中，有的人心情饱满愉快，说明心境是积极明朗的；有的人心情郁闷忧郁，说明心境比较微弱，因此要经常转换心境，保持良好的状态。研究成功心理学发现，成功有三大重要心理因素：激情、目标、坚持力。好的情感体验能让人受益，使人保持平衡不至于狂躁，不至于过分悲观，能够处理好人际关系，使自己在工作、学习中富有积极性。调查发现如果你的情绪不好，过分郁闷，过分压抑，不但影响自己的心理健康，对身体也不利。负面情绪的影响对身体有极为不利的负作用，如果常年处于慢性压抑之中，血液中的葡萄糖和脂肪酸都会升高，患糖尿病与心脏病的风险自然也就大了。另外，压力还会使人体胆固醇水平上升，也会更易诱发心血管病。当人处于沮丧、悲痛和冷漠状态时，体内的复合胺都会降低，复合胺能调节人对疼痛的感知能力，这也是45%有沮丧倾向的病人会有种种疼痛不适感的原因。妒忌是害怕、担心和愤怒等情感的混合体，这三种情感会使人一触即发，妒火大发的人通常会血压升高、心跳加快、肾上腺素分泌增多、免疫力变弱、焦虑甚至失眠；如果在对抗中压抑自己的怒气，其死于心脏病、中风的风险会高两倍。怒火爆发之时，由于肾上腺素水平突然大幅增高，血压升高、心率加快，对超过50岁的人来说突发心脏病或中风的概率会高出5倍。对于干部来讲，一方面要很好地投入自己的工作，另一方面应该做情绪控制能力的模范，不但要控制好自己的情绪，而且要教导年轻干部控制自己的情绪，防止负面的影响造成身心疾病。五是面对心病，释放正能量。一般来说，每种疾病都指向一个长期忽略的内在的情绪问题。而身体上的症状使情绪问题能够在另一个层面上为你所见，这实际上是在帮助你接触到这些瘀堵。尽管疾病看起来是负面的——你被各种症状和疼痛所困扰，但我们应该把疾病看成一个讯息或指示。这样一来就比较容易与疾病合作，而不是抗拒它了。情绪大声地讲话，它们明白无误地告诉你：你必须审视自己的内心，找到激起情绪反应的原因。任何时候只要你被情绪严重地困扰了，你都要找到它的原因和含义。身体是有智慧的，它不仅会对其吸收的物质（如食物和水）作出高度敏感的回应，它也会对你的情绪、感觉和思想作出同样敏感的回应。

四、建构积极态度，维护良好的人际关系

每个人生活在社会中，必然要与其他人发生相互作用，相互影响，即必然要与别人进行交往。这种交往就是人与人之间的相互接触，交流信息，沟通思想，联络感情的过程。和谐的人际交往可协调人们的认识、情感、行动，增进人们的了解，团结一致，形成群体规范，利于个体身心健康发展及个性良好发展。在由人组成的社会中，每个人都参与这种人与人之间的交往活动，但每个人的交际质量却有所不同：有的人左右逢源，灵活应变，广结人缘；有的人捉襟见肘，处处受制，举步维艰，人际关系很紧张。而领导干部拥有良好的人际关系对工

作和生活尤为重要，在工作中，领导干部要协调好与上级、同级和下级的关系。

下级对上级的正确决定要服从和执行，绝不可各自为政。为此，一是摆正角色位置，出力而不越位。上下级的角色地位是社会客观赋予的，代表了每个人在社会关系中的位置，谁都不能任意超越。人的行为只有与自己的角色地位相符合，才能与其他社会角色保持正常的和谐关系。无论是决策、表态、答复问题，还是交际应酬等，下级都应注意自己的身份，在自己职权范围内既敢于负责、勇于担当，又善于负责，不喧宾夺主和擅权越位。现实生活中有些人工作干了不少，但效果不佳，究其原因，恐怕是工作没有干到点子上，不注意收敛和约束自己，"种了人家的田，荒了自己的地"。二是服从而不盲从。下级既要在工作上服从和支持上级，树立全局观念，以局部或个人利益服从全局和整体利益，又要有自己的主见，敢于坚持真理，善于创造性地执行上级决议。既不可对上级阳奉阴违，消极怠工，妄加议论，也不可盲目服从，置原则和人格于不顾，曲意逢迎。三是合理节欲，保持适当的期望值。按照心理学的心理效应理论，影响人们情绪指数的因素主要有两个：实现值和期望值。一般来说，当实现值高于期望值时，情绪会呈现兴奋状态；低于期望值时，情绪会呈现压抑状态。对上级也是如此，既要量自己之体，适当期望，不让上级太为难，又要合理节欲，调整对上级的期望值，使情绪指数即实现值与期望值之比始终大于1。这样，才能减少烦恼，处理好与上级的关系。当然，也可采用"层次期望值"的调适方法，把期望值分解成高、中、低不同层次。即使上级不能满足自己的高层次期望，但还有中低层次期望可以满足，不至于太失望，甚至将自己与上级的关系闹僵。四是将心比心，多站在上级角度想问题。上级有上级的难处，上级的支配权也是有限的，受各种条件的制约。下级不能仅仅要求上级理解、信任自己，也应当体谅上级的难处，设身处地地替上级着想。上下级之间应经常进行"换位思考"，特别是下级，多站在上级角度想问题，就不会不顾客观条件去强上级所难了，也不会为了满足个人私利而要求上级"知其不可为而为之"。这样一来，与上级的关系自然就融洽、和谐多了。五是掌握"等距外交"的艺术。下级应从工作和事业出发，对上级领导成员一视同仁、密疏有度、冷热均匀，建立和发展正常的关系。工作上要一样支持，组织上要一样服从，态度上要一样对待，并严格按照权限和程序汇报请示。绝不能从个人意气或好恶出发，"看人下菜碟"，更不应从个人目的和私利出发，对某些上级特别是主要领导过度亲密，而对其他上级又过分疏远。慎重交往，公事公办，"公事以外才是朋友"应当成为处理与上级关系的基本原则。

同级之间地位平等，不存在谁领导谁的问题，而是一种平行关系，既存在着竞争，又大量表现为协同与合作。同级之间关系融洽，协调得好，可以形成互相帮助、互相促进的良好气氛，增加向心力、凝聚力，否则，就容易产生隔阂，造成不必要的矛盾和内耗，不仅牵扯和分散精力，而且会影响组织整体目标的实现。因此，领导干部要处理好与同级之间的关系。为此，一是坦诚相见，积极配合。同级之间既要坚持原则，又要以大局为重，宽容自制，真诚相待，彼此尊重，互不猜疑。有事共同协商解决，互相支持，主动配合，不彼此拆台；遇到困难和挫折，要互相关心，不幸灾乐祸，落井下石；出了问题和失误，要分清是非，共同承担责任，不上推下卸；有了分歧和矛盾，要加强理解，坦诚相见，主动沟通，求大同存小异，不任意扩散矛盾，不在背后乱发议论。这样，才能达到同级之间精诚团结、分工合作、互助互利的目的。二是相互支持，协调沟通。同级之间，常常会遇到一些工作上的交叉，也会有一些需要共同处理的事务。对此，同级之间应明确权限、分清职责、相互支持，尽量通过沟通协调进行妥善解决，一般不要擅自作主处理。互相支持是互相尊重职权的标志，只有互相支持，才能相互配合。否则，既影响同级之间的关系，也往往使下级为难，造成工作上的扯皮，影响组织和团体的和谐发展。三是权力不争，责任不让。协调好同级间的关系，关键是权力不争，责任不让。属于别人职权之事，绝不干预；属于自己的责任，也绝不推卸。本来应该由自己分管的工作，也要别人点头画圈，或者本来不应由自己处理的事情，却争着要管，势必搞不好同级关系。特别是那种好事就争抢，难事就推踢的行为，更是破坏同级关系的腐蚀剂。四是见贤思齐，不嫉贤妒能。同级之间要谦虚谨慎、宽容大度。既要有容人之长的胸怀，不要怕别人超过自己，又要有容人之短的肚量，不以自己之长比他人之短。对于同级的优点和经验，要主动学习，积极借鉴；对于同级的缺点和教训，要引以为戒，在工作中主动避免。这样，同级之间才能见贤思齐，取长补短，互相促进，共同进步。

协调好与下级的关系，既是领导者应有的品格，也是调动下级积极性的重要因素。为此，必须充分尊重和信任下级。古人云："士为知己者死。"下级一旦受到信任和尊重而获得心理上的满足与平衡，就会增强自尊心、自信心和自豪感，激发起干好工作的积极性、主动性和创造性，上下级关系也会更加和谐。一是尊重下级需要，关怀下级成长。作为下级，不仅希望自己在物质生活上获得必要的满足，而且更希望自己在组织和团体中获得进步、不断成长，在事业上有所作为、有所成就。领导者对下属千关心、万关心，对其事业、前途、作为方面的关心，才是最大的关心。所以，一方面要善于为下属提供成长的机会，创造进步的条件；另一方面要及时对下属的工作热情和工作成就予以正确认可和鼓励，以使他们享受到成功的欢乐，认识到自身工作成果的价值。这样，才能使下属增强集体意识，对组织和团体产生归属感。二是尊重下级才华，发挥下级特长。领导者对自己的下级应有充分了解。既要了解下级有什么特点、特长，又要了解交给下级的工作能否发挥其特长以及下级对这项工作是否感兴趣。只有根据下级的不同特点、特长和兴趣，区别对待，合理使用，才能既有效地开展工作，又获得下级的信服。用人最忌讳勉为其难。不分对象，硬要下级干其不愿干的工作，做不利于其发挥才能的事，他就会感到屈才，觉得自己不被理解，时间一长，就会造成上下级关系紧张。如果下级的特长得到施展，兴趣得到照顾，贡献得到承认，他自然乐意在你的领导下工作，这样的上下级关系自然融洽，组织会更加充满活力，队伍也会更加稳定。三是尊重下级职权，支持下级工作。一般情况下，属于下级职权范围内的事，上级不要随便插手和干预；下级已经决定了的事，如果基本正确，就不要打乱下级的部署，轻易让下级改变原来的决定。除特殊情况外，上级不要干预，更不能代行下级职责内的工作，而应放心、放手地让下级自主处理自己职责范围内的事。"领导指示"和"领导支持"的效果是大不一样的。当然，这种信任和尊重，不是放任不管，忘记自己的领导使命，而是为下级指出方向和目标，让下级在正确目标的导向下，自觉自主地开展工作。当下级遇到困难时，要创造条件，主动为下级排忧解难；当下级工作出现偏差时，要及时纠正，积极总结经验教训，并主动承担领导责任。四是尊重下级意见，倾听下级呼声。群众是真正的英雄，人民群众中蕴藏着巨大的潜力、智慧和创造力。而下级一般都比较接近基层和群众，处在群众之中，工作在第一线，考虑问题比较实际，接触的群众比较多，更了解群众的要求和愿望。作为上级，应该注意尊重他们的意见，倾听他们的呼声，这样，既可使自己在决策时尽量避免偏颇，也可以激发、调动下级的积极性和主动性。五是尊重下级人格，顾及下级面子。对下级不能讽刺挖苦，也不可粗暴训斥，而应热情帮助。不仅要政治上关心、工作上支持、生活上爱护、精神上充实、文化上丰富，而且要态度上尊重，个性上适当照顾，切不可伤害其自尊心，也不可在人多场合让下级丢面子。错误不迁就，缺点不庇护，但人格一定要尊重，要善于体察、理解他们的难处和苦衷，从团结的愿望出发，允许并帮助他们改正错误。

五、建构积极态度，适应正常的行为反应

"态度决定一切"，一个领导干部能否采取正常的行为模式取决于他是否拥有健康积极的态度。领导干部的行为反应模式与工作和生活紧密相连在一起，它是领导干部发挥才智的实践过程，是一种外显的行为。从社会心理学的角度讲，在社会生活中，个人必然与他人发生联系，产生交往的需要。其一，人

们往往通过他人而认识自己，这需要与别人进行交往。其二，人们认识他人、认识社会及社会规范也需要通过与他人交往来实现，从而也实现个体的社会化。所以，人际交往是一种相互作用的需要。其三，在社会生活中，人有表现自己的意向，有以自己的思想影响他人、改造客观世界的心理需要，这就要通过交往，利用一切机会表达自己的态度、看法。若没有交往这一途径，则个体的这种心理需要将得不到满足，从而产生恐惧、孤独等心理疾病。其四，人们在共同的社会生活中也有通过交往交流信息、传递情感的需要。而整个交往过程都是由行为串联在一起，一旦正常的行为反应丧失，则整个交往过程就会失效。因此，领导干部正常的行为反应是领导活动进行下去的基础，也正是在社会交往中，领导干部的正常行为反应才有意义。由此可知，领导干部正常的行为反应是其健全自我认知的充分体现，通过采取有效的策略，领导干部能实现个人的成长，组织得到发展和收获效益。反过来，如果领导干部不能拥有正常的行为反应，则会让领导干部陷入迷茫甚至窘迫的困境，领导干部所在组织失去赖以生存的物质基础和群众基础。张飞听到二哥关羽被东吴所害后，抑制不住悲痛，恨不得立马出兵去灭了东吴。刘备沉得住气，拒绝了张飞的要求。无奈之中的张飞便日日沉醉，醉后管不住自己，时时拿士兵出气，动辄鞭打他们。最后，部下范强、张达实在忍无可忍，于是趁张飞醉酒沉睡之时，将他刺杀，割下他的头颅，奔东吴而去。没有人能否认，张飞的能力是很强大的。但能力这么大的人，最后却得到这样一个窝囊的结局，不得不令人反思：一个连自己的情绪都控制不住的人，能力再大也无济于事。现代跟古代当然不一样。古代的人，如张飞这般脾气大的优秀军官，即便不懂如何管理、控制自己的情绪,却至少还可以上沙场杀敌,展现自己的能力,封妻荫子,扬名立万。但当下是和平年代,不讲暴力而讲脑力,如果一个人如张飞那样暴躁,无法管控自己的情绪,随便对人发火,让感性情绪控制了理性思维,你很难想象他如何在一个团队里混下去,即便他是一个领导者。一个真正优秀的人,都是以做事为主的,那些有损大局的情绪,会被摆在一边。所以,能够有效控制自己的情绪,才可能最大化地去展现自己的能力。领导者尤其如此,把自己的情绪控制好了,才能更好地去领导自己的团队,去发挥最大的功效。

本章测试:人际反应指针量表(IRI – C)

请对每个项目,根据自己的实际情况进行评分。"不恰当"记 0 分,"有点恰当"记 1 分,"还算恰当"记 2 分,"比较恰当"记 3 分,"很恰当"记 4 分。

表 5–1　人际反应指针量表

序号	项目	不恰当	有点恰当	还算恰当	比较恰当	很恰当
1	对那些比我不幸的人,我经常有心软和关怀的感觉。	0	1	2	3	4
2	有时候当其他人有困难或问题时,我并不为他们感到很难过。	0	1	2	3	4
3	我的确会投入小说人物中的感情世界。	0	1	2	3	4
4	在紧急状况中,我感到担忧、害怕而难以平静。	0	1	2	3	4

（续表）

序号	项目	不恰当	有点恰当	还算恰当	比较恰当	很恰当
5	看电影或看戏时，我通常是旁观的，而且不经常全心投入。	0	1	2	3	4
6	在做决定前，我试着从争论中去看每个人的立场。	0	1	2	3	4
7	当我看到有人被别人利用时，我有点感到想要保护他们。	0	1	2	3	4
8	当我处在一个情绪非常激动的情况中时，我往往会感到无依无靠，不知如何是好。	0	1	2	3	4
9	有时我会想象从我朋友的观点来看待事情，以便更了解他们。	0	1	2	3	4
10	对我来说，全心地投入一本好书或一部好电影中，是很少有的事。	0	1	2	3	4
11	其他人的不幸通常不会带给我很大的烦忧。	0	1	2	3	4
12	看完戏或电影之后，我会觉得自己好像是剧中的某一个角色。	0	1	2	3	4
13	处在紧张情绪的状况中，我会惊慌害怕。	0	1	2	3	4
14	当我看到有人受到不公平对待时，我有时并不感到非常同情他们。	0	1	2	3	4
15	我相信每个问题都有两面，所以我尝试从不同观点来看问题。	0	1	2	3	4
16	我认为自己是一个相当软心肠的人。	0	1	2	3	4
17	当我观赏一部好电影时，我很容易站在某个主角的立场去感受他的心情。	0	1	2	3	4

（续表）

序号	项目	不恰当	有点恰当	还算恰当	比较恰当	很恰当
18	在紧急状况中，我紧张得几乎无法控制自己。	0	1	2	3	4
19	当我对一个人生气时，我通常会试着去想一下他的立场。	0	1	2	3	4
20	当我阅读一篇引人的故事或小说时，我会想象：如果故事中的事件发生在我身上，我会感觉怎么样？	0	1	2	3	4
21	当我看到有人发生意外而急需帮助的时候，我紧张得几乎精神崩溃。	0	1	2	3	4
22	在批评别人前，我会试着想象：假如我处在他的情况，我的感受如何？	0	1	2	3	4

评分标准与测试结果分析

观点采择
6、9、15、19、22

想象思维
3、5、10、12、17、20

人际反应
指针量表

同情关心
1、2、7、11、14、16

个人痛苦
4、8、13、18、21

图 5 - 1 人际反应指针多维度测量

IRI - C 为多维度量表，共有 4 个分量表，因此需要统计 4 个分量表的得分及总量表的得分。这里 2、5、10、11、14 为反向问题，需要对其得分进行反向调整："不恰当"记4分，"有点恰当"记3分，"还算恰当"记2分，"比较恰当"记1分，"很恰当"记0分。其他题目按照表中得分保持不变。

将6、9、15、19、22项目的得分相加即为观点采择分量表得分，得分越高，表明测试对象更具同理心，通过换位思考能感同身受对方的状况；反之，则意味着测试对象较为刻板，完全从主观感受出发去评价他人。将3、5、10、12、17、20项目的得分相加即为想象思维分量表得分，得分越高，表明测试对象想象思维较为灵活，通过全身心地投入情境中，能激发更多的想象力；反之，则意味着测试对象想象空间匮乏，思维仅仅停留在事物的表面。将1、2、7、11、14、16项目的得分相加即为同情关心分量表得分，得分越高，表明测试对象更具同情心，能设身处地关心对方，易被情绪所感染；反之，则意味着测试对象缺乏同情心，较为冷漠，对他人总表示一副漠不关心的样子。将4、8、13、18、21项目的得分相加即为个人痛苦分量表得分，得分越高，说明测试对象越容易体验到个人痛苦；反之，则意味着测试对象的情绪较为稳定，处事不惊。

把所有22个项目的得分加起来即为总量表的得分。得分越高，说明测试对象人际反应较为敏感，能及时地捕捉到对方的情绪反应，从而产生情感共鸣；反之，说明测试对象的人际反应较为迟钝，不能及时体会对方的情感体验，难以产生共情。

第六章

透过"差距管理"
看自我认知

开篇案例：以人民为中心，
就是做人民期待的事

　　老于是一位街道书记，非常希望推动社区文化建设。他在调研中发现，一个老旧小区里有个年久失修的废旧自行车棚，就决定将它改造成一个现代化的社区文化中心，并请专业设计机构设计了方案。没想到，当他满怀信心地将方案拿到小区的时候，却遭到了小区居民的一致反对。废旧车棚堆满了杂物，平时根本踏不进去，现在改造成社区中心多好。于是，老于到小区去跟居民座谈。老百姓的看法是：你们街道政府搞这个中心，就是准备把这块地方占为己用，以后我们根本进不去也用不上。再三解释是给居民的免费文化中心后，老百姓还是不买账：盖了这么多房子，把小区里唯一的空地塞得满满的，连个有土的地方都见不到了。再说，那么多高大上的活动室我们根本不感兴趣，还占着地方不让干别的。总之，你们政府搞的这些我们不感兴趣，还不如旧车棚空着看着敞亮。

　　老于觉得自己很委屈，好不容易争取来了资金，还找了非常专业的公司进行设计，期望满满却被泼了冷水。他想不通的是，自己的想法完完全全是为老百姓着想，希望为百姓做件实事。这样的安排既符合社区建设要求，又体现前瞻的文化理念，怎么就遭到强烈反对？

　　在管理学上，有一个服务质量差距模型（Gaps Model of

Service Quality）理论。其核心思想是，在实际的服务、期望的服务和感知的服务之间存在诸多差距，这些差距影响了服务的满意度。瓦拉瑞·A. 泽丝曼尔（Valarie A. Zeithaml）和玛丽·乔·比特纳（Mary Jo Bitner）运用服务质量差距模型分析了服务过程中的4种差距以及导致这些差距的关键因素，从而为弥合差距以达到服务满意提供可供操作的线索。

老于满怀期待地为老百姓办实事，却没有考虑老百姓的需求和期待。正是服务的供给和需求以及感知的服务供给和需求存在差距，才造成这种状况。

首先，服务期待和感知的服务期待存在差距。老百姓对社区中心的期待和老于认为的、或者"感知"到的老百姓的期待存在差距。老于付出了很多，但是老百姓并不买账，认为他做了很多无用功，和大家的期待大相径庭。老于的着力点和老百姓希望他努力的方向存在偏差。这也让老于觉得自己的投入和产出存在差距，自己付出了很多，但是大家并不认可。

其次，服务标准和老百姓的期待存在差距。老于找了专业公司做了设计，他以为的"高大上"的设计与老百姓期望的设计也存在差距。总共800平方米的空地，他尽可能地建成了房子，为了更多地满足大家的需求，而大家可能更需要室外的留白。老百姓觉得装修够用就行，老于却把预算很大一部分用于建设"高大上"的设施。

再次，服务沟通存在差距和不对称。老于觉得自己经验丰富，又一心为民，老百姓却觉得自己的事情要自己做主，不需要别人指手划脚。而老于又对大家不放心，想把事情统筹做好，然后一股脑儿交付使用。他不仅自己一手主导，还请了专业的公司设计社区中心，专业的公司建设活动室，专业的公司提供各种服务。小区居民认为老于不懂自己的需求，提供的东西虚头巴脑不实用。

　　搞清楚了这些，老于转变了工作思路。他首先通过调研充分了解小区居民的需求，然后建议召开居民代表大会，选举出社区中心建设委员会，由这个委员会全权负责社区中心建设的所有事宜，需要政府出面协调的，再由他来处理。设计公司听委员会的，装修公司也听委员会的，服务公司被辞掉了。"我们要自己选择活动项目，还要自己开发活动项目。"于是，按照居民要求，他找来了一个孵化公司：某公益基金会，并设立了"社区文化经理人"的岗位，由基金会的一个"80后"小温姑娘担任。小温姑娘根据大家需求，帮忙找来企业或者社会组织来提供各种活动项目，并随时进行动态调整。

　　经过一年多的时间，这里建成了一个温馨的小院：总建筑面积792平方米，包括房屋480平方米，庭院312平方米。设有悦读馆、国学馆、棋艺馆、议事馆、康复馆、儿童馆、友邻馆、展览馆和咖啡馆等9个馆。通过政府购买服务，引入某社工事务所进行运营管理。

　　小院建成后，小温姑娘每个月都要与几十个社会组织或企业进行接触，洽谈活动形式和内容，将适合本社区的活动引进小院。所有单位在初次活动后，都要进行满意度和意见调查，以决定是否持续进行。经过这样不停地筛选和替换，小院每周的活动排期表被安排得满满当当。每天早上6:40开门，平均每两个小时就有一场活动，仅在友邻馆跳舞的团队，就有18个，小院每天的人流都在300多人次。开门9个月搞了300多场活动。很多志愿组织和志愿者也加入进来，社区文化氛围越来越浓厚。

最终，这里并没有成为一个"高大上"的现代化社区文化中心，而是成为一处"楼房中的大杂院"，将近一半的面积保留了两棵银杏树和一个小小的院子，周围一圈简易板房用作各种各样的活动室，还有老少小饭桌。虽然缺少了一些时尚信息，但却有浓浓的烟火气，亲切而温暖。

回想小院的建设过程，老于感慨万分，自己省了很多心，还让大家更满意了。这在一定程度上可能是因为转变了观念，弥补了认知上的偏差。

我们实际的付出和别人感知到的付出在很多时候是不一致的，而我们感知到的别人的期待和别人实际的期待也是存在差距的。很多心理研究表明，管理者还往往存在过度自信的倾向，容易自我评价过高。这可能对组织绩效、决策和创新产生影响。领导干部往往经验丰富有办法，因而常常一味地认为自己做得对，也一心一意地为别人着想。殊不知，别人"感知"到的关怀可能并不温暖，好心办了坏事。如果我们认识到了这一点，通过充分的沟通尽力弥补差距，并让渡一部分主动权给对方，而不是大包大揽，就能有效规避这种认知偏差。这样，自己舒服了，也让别人舒服了，工作目标也有效实现了。

一、从差距看自我认知

领导干部的成长环境、人生阅历和工作经验的不同，导致领导干部在诸多方面存在或多或少的差距。也正因为有了差距的存在，领导干部才有了对照的意识和标准，而领导干部群体之间由于工作性质和环境的趋同性，他们之间进行对照也有了测量的对象和尺度。通过审视自我与其他领导干部之间的差距需要领导干部借助于自我认知，领导干部有了良好的自我认知，便会对领导干部之间的差距有精确的把握，而一旦自我认知出现了偏差，领导干部对差距的认知就会失调，甚至会严重偏离真实差距。因此，领导干部的自我认知和领导干部之间的差距是紧密联系在一起的。一方面，领导干部的自我认知决定了他们是否能客观地对待差距。如果领导干部的自我认知建立在对当前社会环境和自我发展的准确评估之上，那么对差距的预测就应该比较可靠，而领导干部一旦脱离实际建立自我认知，那么差距的预测就成了无源之水、无本之木。另一方面，领导干部对差距的管理也在重塑自我认知。差距的存在是常态，领导干部对此需有清晰的自我认知，如果不能正视差距，那么领导干部的自我认知便会失调。除此之外，领导干部对差距管理的重视程度也在不断调节他们的自我认知。如果领导干部仅从单一的角度考虑差距，那么他们的自我认知就是片面的，为此，领导干部需要综合考虑，统筹兼顾。如果领导干部在时间上仅从现时的角度考虑差距，那么自我认知也会显得站不住脚，为此，领导干部需树立历史思维和创新思维，不但要考虑过去的影响，而且要趋向未来、运筹帷幄，只有从动态的过程审视差距，领导干部的自我认知才禁得起推敲。

当前，影响领导干部对差距的认知因素是多样的，既包括个人因素，也包含组织环境和社会因素。多样的影响因素也造就了领导干部对自我认知的复杂性，稍不留神，领导干部就会形成不客观的自我认知，甚至会在差距的认知中迷失自我，回避差距，心理健康亮起了"红灯"。基于此，领导干部在实践中要多动脑筋、善于学习，勇于磨炼，找准差距，唯有此，才能形塑良好的自我认知。

第一，领导干部要勤于思考，善于学习。领导干部在新时代面对新问题，有时会显得力不从心，深感自己技不如人，有的领导干部在工作中畏畏缩缩，不作为不担当，甚至开始怀疑自己，尤其是年轻的领导干部。究其原因，绝大多数是由于主观原因造成的，即政治不过硬，本领不高强。为此，领导干部需在工作实践中找准差距，善于学习。一方面要学习理论知识，面对新问题，老办法不管用，新办法不会用，会导致领导干部容易迷失自我，产生焦虑不安的精神状态，甚至会自我怀疑，自我否定。而通过学习理论知识，及时"充电"，有助于领导干部找到解决新问题的新方法。另一方面要积累工作经验，面对同一困境，有的领导干部游刃有余，而有的领导干部战战兢兢，无从下手，关键原因在于领导干部的工作经验不够。为此，领导干部要放下身子，低下腰子，践行群众路线，吸纳人民群众的智慧，减少工作的压力和阻力，赢得人民群众的支持和厚爱。

第二，领导干部要进行多地域、多岗位锻炼，勇于磨炼。领导干部的工作能力之所以存在差距，除了自我成长等因素外，还与多地域、多岗位锻炼有关。领导干部一旦进入工作岗位，熟悉工作环境和工作流程，容易陷入"舒适区域"，自我感觉良好，能胜任当前的工作便安于现状，容易错失自我提高的机会，而有的领导干部在工作上兢兢业业，受到领导的重视，提拔较快，但由于缺乏多地域、多岗位的锻炼，容易陷入晋升的"彼得高地"。为此，领导干部要从差距中得到精准的自我认知，需要多地域、多岗位锻炼。一方面，领导干部要进行多地域锻炼，由于地域不同，领导干部面对的工作环境、政治生态和风土人情截然不同，通过多地域的锻炼，能开阔领导干部的视野，拓展领导干部的能力，增强领导干部的定力。另一方面，领导干部要进行多岗位锻炼，仅仅局限在一个工作岗位虽说能加深领导干部对工作的认知度，但从长远看，不利于领导干部的自我成长。通过多岗位的锻炼，领导干部能了解多领域的工作实际，不但能增强本领，而且能磨炼意志。党中央通过颁发《推进领导干部能上能下若干规定（试行）》等文件来管理领导干部不作为、不担当等问题，能上能下，关键是能下。领导干部要找准差距，积极进取，否则就会面临降级甚至淘汰的状况。因此，领导干部管理好差距，需对自我认知有个清晰的研判。

二、管理自我期待的差距

人对差距的自我认知表现为多种形式，首先便是人在意识领域的认识差异，在西格蒙德·弗洛伊德（Sigmund Freud）的理论中，意识所分为的三部分，即本我，自我，超我构成了人的完整的人格。人的一切心理活动都可以从他们之间的联系中得到合理的解释，自我是永久存在的，而超我和本我又几乎是永久对立的，为了协调本我和超我之间的矛盾，自我需要进行调节。若个人承受的来自本我、超我和外界压力过大而产生焦虑时，自我就会帮助启动防御机制。正因为意识与自我认知存在某种关联，尤其是超我对自我认知的引导，导致了自我期待的产生。

自我期待指的是对自我行为以及未来的发展方向所表现出

的知觉和期望。如果一个人的自我期望过低,便会失去前进的动力,无欲无求,甚至表现出一种自我放弃、消极接受的态度;而如果一个人期望过高,通过努力却未达成,久而久之也会逐渐丧失信心,情绪消沉,甚至会自暴自弃。为此,自我期待的设立必须在合理的区间,这种设立需基于自身的实际情况、周围的环境以及对未来的预判。当自我预期在能控制的范围内,人对差距的管理就会变得游刃有余,否则就会失控。

在当今时代,差距无处不在,最怕的就是对差距视而不见,有的领导干部在差距面前担心下级"看低"了自己,领导"看轻"了自己,同事"看扁"了自己,因而故意掩饰,反而平添了苦恼和压力。

领导干部要有与新时代紧密相连的自我期待。面对新形势下的新情况、新问题,个别干部习惯于用老思路、老套路,蛮干盲干,常常是"新办法不会用,老办法不管用,硬办法不敢用,软办法不顶用"。身为领导干部,要有本领恐慌的危机感,主动积极学理论、学政策,在学懂、弄通、做实上下功夫,主动加快知识更新,拓宽眼界和视野,增强工作的主动性,避免陷入少知而迷、不知而盲、无知而乱的困境,终至贻误党和人民的事业。

领导干部要有经受得住考验的自我期待。扎下根去真干实干、苦干巧干,以逢山开路、遇水架桥的闯劲,以滴水穿石、绳锯木断的韧劲,勇做疾风劲草和烈火真金。每一步,都需精心布局、运筹帷幄;每一步,都需谋定后动、蹄疾步稳;每一步,都需踏石留印、抓铁有痕。尽量到最艰苦的地方去锤炼,到问题最集中的地方去经历风浪,到人民最需要的地方为人民谋福祉,在风浪中坚定信念、加快成长。

领导干部要有与人民群众同甘共苦的自我期待。焦裕禄为世人呈现了一个"亲民爱民、艰苦奋斗、科学求实、迎难而上、无私奉献"的好干部形象，身先士卒、攻坚克难，这样的无声行动胜过千言万语。领导干部要虚心向榜样学习，真心向标兵看齐，耐心向群众服务，始终把人民放在心中最高位置，放下架子、扑下身子，多往基层走一走，多跟群众聊一聊，多到村里看一看，倾听群众诉求，解决群众困难，拉近群众距离，真正做父老乡亲的知心人、贴心人。

三、管理环境适应的差距

"人是社会性的动物"，人总是处于社会关系网络之中，或多或少与他人相互联系，从社会中索取资源才得以生存下去。而为了追求高质量的生活方式，人总是忙碌着，否则就会被社会淘汰，沦落到社会底层。物竞天择，适者生存，人必须要不断地适应社会环境，跟随时代发展的步伐和潮流，而一旦陷入倒退的泥潭，物极必反，必然会遭受不堪重负的惩罚。因此，能否适应社会环境以及管理好自己与社会环境发展的差距决定了人的生存状态、成长路径和发展方向。

领导干部的领导行为与其受教育程度、个性特征、所处环境、成长过程等紧密联系在一起，环境对领导干部行为的影响是一个不知不觉、潜移默化、逐渐养成的过程，一旦成为定式，则难以改变。因此，一些被上级认为很优秀的领导干部，一旦调换一个工作环境或更换一个工作岗位后，就可能会出现威信降低、效率不高、人际关系紧张、任务难以落实等现象。

究其原因，表面上看是组织人事部门没有根据这些领导干部所固有的领导方式安排或调配与其相适应的部门或岗位，从更深的层次看，则是因为这些领导干部没能主动地适应新的领导环境或有效地改善现实领导环境所致。因此，现代领导干部必须学会因地制宜、因人而异、因时而变、因势利导、因需而为，提高主动适应新环境、有效改善新环境的能力。因地制宜，即根据不同的工作职责和工作性质运用不同的工作方法。因人而异，即根据不同下属的能力素质采取不同的领导方式。因时而变，即根据上下级之间的不同关系及其发展变化体现不同的领导作风。因势利导，即根据实际存在的主客观条件变化采用不同的领导类型。因需而为，即结合工作需要努力改善所处的领导环境。总之，结合工作需要，领导干部要对所处的具体的领导环境进行调整和改善，使之适应领导和管理工作的需要。

新时期面对新问题，领导干部要坚持原则、顾全大局，紧跟中国共产党的领导，以实际行动净化政治生态环境。"政治生态"就好比气候，气候宜人就人人都感到舒适；气候恶劣则大家都"苦不堪言"。要营造良好的政治生态，这就要每位干部从政治觉悟、政治担当、政治道德三方面下功夫，做个讲政治的人。

第一，要提高政治觉悟。悟性是思维的产物，是智慧的表象，是一个人综合素质的反映，做任何事情都要有悟性，从政要有政治觉悟。提高政治觉悟一方面要加强学习和积累经验，做到对政治理论、科学知识融会贯通，对自身专业、工作方法娴熟于心。另一方面需要把学习和思考结合起来，对新知识、新事物抱有浓厚兴趣，用心用力、思索钻研，努力想明白、想通透，而不能浅尝辄止、一知半解。同时，要善于总结，把零散的东西归纳成系统的知识，把感性的认识上升到理性的思考，不断寻求新思路、确立新理念，提高自身觉悟。

第二，要锤炼政治担当。政治担当是政治立场、政治操守问题，核心是忠诚于党，忠诚于人民，忠诚于事业。锤炼政治担当一方面要对中国特色社会主义理论坚信不疑，要真学、真懂、真信、真用、真坚持，做中国特色社会主义理论的坚定信仰者，不为各种杂音所扰，不为各种诱惑所困，不被各种艰险所阻。另一方面要真心干事服务。职务有高低，岗位有不同，但是服务无差别。每位干部都要真心服务群众，积极干事创业，不怕失败、敢于负责，这才是干部应有的担当。

第三，要修炼政治道德。"德才兼备，以德为先"已成为选人用人的首要标准，强调"德"的重要性历来是党的优良传统，新的发展形势下，对干部"德"的要求更加严格。首先，干部要诚实守信，这是最基本的做人原则。要做到言行一致，不要表面一套，背后一套。无论大事小事，对待领导还是群众，都要秉公办事，实事求是。其次，干部要坚持执政为民。在任何情况下，都要牢记同人民群众的血肉关系不能改变，全心全意为人民服务的宗旨不能改变，要深入基层，深入群众，密切干群关系。再次，干部要勇于奉献。只有保持无私奉献的政治本色，才能发扬艰苦奋斗的优良传统，才能更好地团结和带领人民群众，凝聚出更加强大的力量。

四、正视差距，激发心理潜能

2018 年 11 月 26 日，习近平总书记在主持中央政治局集体学习时强调："当前，干部队伍能力不足，'本领恐慌'问题是比较突出的。比如，在纷繁复杂的形势变化面前，耳不聪、目不明，看不清发展趋势，察不出蕴藏其中的机遇与挑战；贯彻新发展理念、推进供给侧结构性改革，找不到有效管用的好思路好办法；面对信息化不断发展，不懂网络规律、走不好网上群众路线、管不好网络阵地，被网络舆论牵着鼻子走；等等。解决这些问题，既要加快干部知识更新、能力培训、实践锻炼，更要把那些能力突出、业绩突出，有专业能力、专业素养、专业精神的优秀干部及时用起来。"① 为此，领导干部在正视差距的同时，要积极作为，挖掘自身的潜能，尤其是心理潜能，以此为领导干部奋发有为提供源源不断的精神动力和支持。领导干部通过激发心理潜能，一方面能突破自我，得到积极、肯定的认可，从而提升自我进取担当的精神活力，这个过程也是领导干部建立自信心以及获得自我接纳的过程。另一方面，领导干部激发心理潜能，将心理潜能转换为自我效能，获得外界的良好反馈，整个过程也是领导干部自我认知重构的过程，心理潜能的激发能不断地激励领导干部敢担当能作为。

基于此，领导干部要正视差距。一方面，不能低估差距，要理性、客观地正视差距，避免好高骛远、沾沾自喜的不良心态，随时要对自我认知进行评估，作出合理的研判。另一方面，不能高估差距，要充满自信、保持乐观，以饱满的精神状态正视差距。发现差距，及时总结，早发现早缩短，一方差距持续拉大。对于领导干部之间存在的差距，在正视差距的同

① 习近平：《努力造就一支忠诚干净担当的高素质干部队伍》，《求是》2019 年第 2 期。

事，要充分利用差距，及时转换，释放正能量。"差距"一词，很多人都不太喜欢，存在差距意味着技不如人。很多领导干部在总结工作时，经常提到要查找差距、正视差距、弥补差距，然而，敢不敢查找差距、正视差距，能不能弥补差距，不仅关乎一个人的成长，更能决定一个单位、一个地方的事业发展。领导干部要常怀"差距意识"，想办法弥补不足，才能成长进步、成就事业。

正视差距，就要正确认识差距，审视自我认知。山外有山，人外有人。在百舸争流的时代，差距无处不在，最怕的就是对差距视而不见，甚至恣意掩饰，殊不知这样做反而是自欺欺人，于己百害而无一利。其实，有差距并不可怕，关键在于认识差距、正视差距。

正视差距，就要主动查找差距，消除差距。少数干部或"只缘身在此山中""不识庐山真面目"，或故步自封、画地为牢，以致"不登高山，不知天之高也；不临深溪，不知地之厚也"，如此找不到自己的差距，就会让自己变得平庸。要以"吾日三省吾身"的态度，主动查找差距，善于发现差距，唯有找到差距、消除差距，才能"更上一层楼"。

正视差距，就要勤学好问，努力缩小差距，积极弥补差距。"不知则问，不能则学。"一些领导干部做事只求"过得去"，不求"过得硬"，没有"更上一层楼"的追求，更没有时不我待的紧迫感，这样差距只会越拉越大。正视差距，是一种居安思危的清醒，也是一种精益求精的自觉。领导干部要在工作上有所建树，在事业上有所成就，必须放下架子、扑下身子，多学习、积累、历练，不断完善自我、提升自我，弥补自身差距。只有常怀"差距意识"，敢于正视差距，不怕和"贤者"比差距,时常自省,主动查找差距,努力缩小差距,才能取得更好成绩。

五、管理差距,需精准发力

2019 年 5 月 31 日,习近平总书记在"不忘初心、牢记使命"主题教育工作会议上再次强调:"找差距,就是要对照新时代中国特色社会主义思想和党中央决策部署,对照党章党规,对照人民群众新期待,对照先进典型、身边榜样,坚持高标准、严要求,有的放矢进行整改。"①

差距一词是许多领导干部的眼中钉。存在差距,就意味着落人一截。人们都不喜欢这种落后于人的感觉。正视差距,这不仅关乎一个人的自我提高,更能决定一个单位、一个地方的事业发展。首先,我们应清楚"山外有山,人外有人"的道理。领导干部不可能是完美的,都有优点,也有缺点。如果存在差距,这是很正常的事情。领导干部应学会正视差距,找准差距,弥补差距,以己之长,克己之短,谋求新进步。唯有真正心存敬畏、戒骄戒躁、平和待人,才能在谦逊中不断长进,赢得尊敬。中国共产党就是在不断的反省中逐步走向成熟的。那么,领导干部就应坚持自我净化、自我完善、自我革新、自我提高的原则,在实际工作中,多进行反省。发现差距不要紧,关键是要勇于面对,努力跟上。领导干部是为人民服务

① 习近平:《在"不忘初心、牢记使命"主题教育工作会议上的讲话》,《求是》2019 年第 13 期。

的，要有正视差距的勇气和决心，坚持实事求是的原则，不能掩耳盗铃、自欺欺人，虚心接受自己的不足，努力弥补差距，把心思和精力用在干事创业上，用在为民谋利上。只有这样，才能真正地提升自己的能力，为百姓、为社会、为国家作出贡献。为此，领导干部要借力打力，借助差距进行自我学习、自我提高，通过自己的努力补短板，堵漏洞。

第一，向外看与向内看。向外看需要领导干部走出来，正视自己与他人以及社会发展环境的差距。领导干部与同龄人虽然职业不同，但仍需要"知己知彼"，学习其他职业的优良素养和精神，不能这山看着那山小，坐井观天。只有不断地向外看，才能集思广益，才能聆听他人意见，从而做出对组织最优决策选择。通过向外看，领导干部可以及时发现差距，亡羊补牢，及时弥补差距，促进个人成长和进步。向内看需要领导干部静下心来，仔细聆听自己的声音，发现不足，及时补充"内脑"。一方面，需要领导干部审视自己的身心健康，身心健康是领导干部积极有为的保障，只有身心愉悦才能有能有为。另一方面，领导干部需要及时充电，不断增强自己的理论修养和水平，积累化解风险和危机的经验，为进取担当提供智力和能力保障。管理差距，精准发力，需将向外看和向内看结合起来。

第二，向前看与向后看。向前看需要领导有创新思维，不能安于现状，沾沾自喜，要用创新的意识去审视现状。向前看需领导干部有忧患意识，需居安思危，未雨绸缪，对未来可能的风险和危机早预防。向前看还需领导干部有发展的眼光，"草摇叶响知鹿过、松风一起知虎来、一叶易色而知天下秋"，对当前的工作有所反思，对未来的发展方向有所研判。向后看需要领导干部有历史思维，审视当前与过去的差距，以史为鉴，善于总结，找到发展的路径和规律。向后看需要领导干部具有家国情怀，"先天下之忧而忧，后天下之乐而乐"，唯有如此，才能不忘初心，坚持群众路线。管理差距，精准发力，需将向前看和向后看结合起来。

第三，向左看与向右看。向左看和向右看，一方面，需要领导干部对标同级，寻找差距，及时弥补。通过对标同级，对自己不擅长、没有经验的工作，要精准发力，积极进取。另一方面，向左看需要领导干部注重"左脑"的功能。左脑是负责语言和抽象思维的脑，侧重理性和逻辑。领导干部要对标左脑，正视差距，进取担当。向右看需要领导干部注重"右脑"的功能。右脑主管形象思维，具有音乐、图像、整体性和几何空间鉴别能力，对复杂关系的处理远胜于左脑，右脑主要侧重形象情感功能。领导干部要对标右脑，发现差距，采取合理的策略及时挽救。管理差距，精准发力，需将向左看和向右看结合起来。

第四，向上看与向下看。向上看就需要领导干部对标上级领导。相对于上级领导，领导干部是执行者，而上级领导是决策者，执行者和决策者的智能分工不同，因此，他们的工作差异很大，领导干部要正视自己与上级领导的差距，向上级领导学习宏观决策的能力，以便为今后晋升积累工作经验。而向下看就需要领导干部对标下级部门。相对于下级部门，领导干部是相对的决策者，下级部门是执行者。为此领导干部要向下级部门学习解决实际工作的能力和本领，尤其需学习走群众路线工作。管理差距，精准发力，需将向上看和向下看结合起来。

本章测试：抑郁自评量表（SDS）

抑郁自评量表（Self - rating depression scale，SDS），是含有 20 个题目，分为 4 级评分的自评量表。该量表有助于我们了解自己，评定自己是否处于抑郁状态。请仔细阅读下面的题目，根据自己最近一周的真实体验和实际情况回答，不要花费太多时间思考，根据第一印象选择最合适的答案。

每个题目后有 4 个选项，分别表示：

A：没有或很少时间（过去一周内，出现这类情况的日子不超过 1 天）。

B：小部分时间（过去一周内，有 1~2 天有过这类情况）。

C：相当多时间（过去一周内，3~4 天有过这类情况）。

D：绝大部分或全部时间（过去一周内，有 5~7 天有过这类情况）。

表 6 - 1　抑郁自评量表

序号	题目	没有或很少时间	小部分时间	相当多时间	绝大部分或全部时间
1	我觉得闷闷不乐，情绪低沉。	A	B	C	D
2	我觉得一天之中早晨最好。	A	B	C	D
3	我一阵阵地哭出来或是想哭。	A	B	C	D
4	我晚上睡眠不好。	A	B	C	D
5	我吃的和平时一样多。	A	B	C	D
6	我与异性接触时和以往一样感到愉快。	A	B	C	D
7	我发觉我的体重在下降。	A	B	C	D

（续表）

序号	题目	没有或很少时间	小部分时间	相当多时间	绝大部分或全部时间
8	我有便秘的苦恼。	A	B	C	D
9	我心跳比平时快。	A	B	C	D
10	我无缘无故感到疲乏。	A	B	C	D
11	我的头脑和平时一样清楚。	A	B	C	D
12	我觉得经常做的事情并没有困难。	A	B	C	D
13	我觉得不安而平静不下来。	A	B	C	D
14	我对将来抱有希望。	A	B	C	D
15	我比平常容易生气激动。	A	B	C	D
16	我觉得做出决定是容易的。	A	B	C	D
17	我觉得自己是个有用的人，有人需要我。	A	B	C	D
18	我的生活过得很有意思。	A	B	C	D
19	我认为如果我死了别人会生活得更好些。	A	B	C	D
20	平常感兴趣的事我仍然感兴趣。	A	B	C	D

评分标准

第1、3、4、7、8、9、10、13、15、19道题A、B、C、D代表的得分依次为1、2、3、4分。第2、5、6、11、12、14、16、17、18、20道题A、B、C、D代表的得分依次为4、3、2、1分。把20个题目的得分相加为总分。

测试总分乘以1.25，四舍五入取整数，得到标准分。抑郁评定的分界值为53分。低于53分，表明没有抑郁的烦恼；超过53分需要引起注意，分数越高，抑郁倾向越明显；超过63分，应及时去医院做进一步检查，并求助专业人士。

第七章

自知多明，从管理团队开始

开篇案例："北冰洋"时间

　　一位领导到一个新单位任职。这是一个专业性非常强的部门，他刚来不懂业务。十几位同志里，年轻人占绝大多数，跟他沟通存在代沟。如何和大家共同开展工作成为他面临的首要问题。于是，他决定，每周三下午4点到5点全部门的人员开一个例会。不过这个例会不谈工作，由大家轮流谈谈自己想谈的事情，兴趣爱好、孩子、烦恼都行。他还自己花钱给大家准备了北冰洋汽水。第一周，有人聊了自己的摄影爱好。第二周，有人聊了自己家的宠物狗……每周大家都很欢乐。这样过去几个月之后，出现了一个新问题：几乎所有人在聊过一轮以后就聊不下去了。因为自己的兴趣并不一定是部门里其他人的兴趣。刚开始聊摄影的时候，大家往往会惊艳于照片的色彩和构图，觉得非常赏心悦目。但是，如果深聊下来，聊到光圈、白平衡，大家就会觉得有点茫然了。还有的人干脆抱怨起了工作，这样反而激起了大家的共鸣，因为大家最多的交集就是工作。慢慢地，大家由抱怨和吐槽工作，变成了出主意、想办法、求帮助。每周，大家都特别盼着开这个例会。平时经常的口头禅就是：不跟你说了，周三下午北冰洋见！于是，周三下午喝北冰洋成了一种不可或缺的仪式。一个实实在在的学习型组织也建设起来了。

　　这位干部后来说，大家一直反映增加例会时间，比如周三下午全部用来开例会，或者周五再增加一次。"我就是不同意，我要让大家一直盼着，就是开不够。"这其实就是在创造一种仪式感。在这样的基础上，组织文化就逐渐积淀下来了。

一个人的独舞无法成就一个舞台。我们任何的社会活动都离不开人际交往。塑造良好的心理状态，不仅仅要管理好自己的情绪和心理，更要善于觉察和管理周围人的情绪和心理状态。领导干部在工作中要接触上级领导、同事、下属、服务对象、相关部门、公众媒体等各类人群，学习觉察他人，塑造良好、润滑的人际沟通氛围至关重要。

一、站好定位，减少团队角色冲突，和谐共事

我们很多的烦恼和压力，往往是由于在工作和生活中的角色越位、缺位或错位造成的。重新评估自己和他人的角色要求和角色定位，将会在很大程度上帮助我们减少由于角色冲突和角色期待带来的心理压力。关系角色、团队角色和领导角色是工作中最主要的三种角色。

在工作中，我们首先面临的是关于关系角色的定位。我们可以对工作中的各种关系进行一个评估，选出你认为最重要的三种关系，比如上级、下级和服务对象。然后，再想一想，你在工作中相处得最好的关系有哪些？如果同上述关系重合，那么就说明我们在关系角色方面不存在冲突。如果你觉得最重要的关系之一是同上级的关系，可是却没有把关系处好，那么就说明你在关系角色方面还需要进一步调整。否则，即使你学会了各种各样的心理舒缓的方法也是事倍功半。

其次，我们在工作中还需要考虑团队角色的定位。剑桥大

学的雷蒙德·梅雷迪思·贝尔宾（Raymond Meredith Belbin）教授提出了8种团队角色（亦有9种角色的划分），即实干家、协调人、推进者、智多星、外交家、监督员、凝聚者和善后者。贝尔宾教授认为，在一个工作团队里，这些角色都必不可少，都需要有人承担；同时，团队成员的角色分配要明确，不能有过多冲突。我们在一些培训中的调查表明，实干家、协调人和推荐者是大家普遍善于承担的角色，其他角色特别是外交家、监督员和善后者则少有人承担。这样，大家就可能在乐于和善于承担的角色上面你争我抢出现冲突，而在不善于或者不愿意承担的角色上面出现缺位，从而影响团队和谐。因此，充分考虑自己和团队其他成员的团队角色定位，并适时调整，将会在很大程度上减少团队压力和冲突，进而促进整个团队的幸福感和满意度提升。

再次，我们还需要考虑自己和团队成员之间的个性特质，形成性格互补和平衡，这样才能有效减少团队冲突。比如，有的团队成员在性格上是天生的领导者倾向，个性很强，冲劲很足，凡事愿意做主，喜欢指挥别人，不愿接受别人指挥。而有的人则是天生的跟随者性格，喜欢被动地听人指挥。在紧急情况下，多半也不会主动出头，但是却很愿意跟大家配合。不同的团队成员需要换位思考，主动按照团队整体的期待来调整自己的行为，这样才能达成整个团队的和谐。只有有针对性地认识自己的局限，克服刻板效应，才能摒弃自我参照，实现自我换框。

二、营造团队情绪，实施组织心理建设，
实现共情

我们工作中的酸甜苦辣和成败得失与我们所处的团队密切相关。团队建设，不仅仅是领导的责任，更需要每个团队成员积极地营造、维护和贡献。一个具有良好氛围、积极向上的团队，不但能为大家带来快乐和欢笑，更能极大地提高工作绩效和组织效能。

通过组织情绪管理和组织压力管理可以有效舒缓工作中的矛盾、冲突和沟通障碍，进而增强团队凝聚力。这里，既可以运用一些心理学的方法，也可以运用一些管理学的手段。

例如，我们可以通过适度的岗位轮换和任务管理来增强团队活力；也可以通过调整加班方式来增加团队共情性；还可以通过适度的工作丰富化和工作扩大化等方式来营造积极进取的团队氛围。

另外，我们可以通过营造环境、加强学习和运动、增加团队活动等方式来塑造积极、欢愉的组织心理。例如，上海12333人力社保热线电话中心是受理全上海人力社保咨询与投诉电话的部门，人员的工作压力大，不仅要不时接到挨骂电话，还要受到录音、摄像的全天候监控。然而，走进这个中心，无论是硬件环境还是人员的精神面貌都让人感到积极、振奋、有活力。中心大楼的电梯入口处贴上了彩色的指示地胶；走廊上布置了供击打的宣泄用具和充气人；人员休息室充满了绿色和蓝色的装饰……当接到怒气冲冲的投诉电话而无法控制

自己情绪的时候，工作人员可以借助音乐减压椅或者专业的减压设备来舒缓情绪。在热线电话大厅之外，到处都是温馨的座椅和沙发，休息室里布置了报刊、光盘、飞镖和电脑，还有小小的音乐减压室和体贴的哺乳室。大家在其中工作，觉得非常温馨、安全和愉快。

可能有人说，我们没有那么好的资源和条件怎么办？美国管理学家梅奥于1924年在霍桑的工厂里进行了著名的霍桑实验，进而发现了著名的霍桑效应。梅奥的实验表明，有的时候，仅仅关注就足够了。我们在力所能及的条件下，给予彼此尽可能的关注、关心和关爱，就能营造更多的共情，进而形成更多的共识。

很多研究和实践总结出了一些团队心理建设的方法和技巧。

（1）环境疗法。绿色植物、蓝色和绿色的装饰、舒缓的音乐、温馨的布置、心理挂图、宣泄器具都有助于营造良好的组织情绪氛围。

（2）运动疗法。团体性的运动比如打球、瑜伽、趣味活动、互相按摩等有助于增强团队共情。

（3）学习疗法。组织大家学习新的爱好、技巧和方法，或者组织集体培训有助于增强团队活力和创造力，促进团队共同成长。

（4）仪式疗法。在固定的时间组织参与性较强的固定活动，比如周五的部门早餐、定期的爱好分享会、年末的自带菜品聚餐等，有助于形成大家对团队的共同期待，从而增强团队凝聚力。

三、塑造组织文化，建立组织支持系统，
达成共识

我们在遇到烦恼、困扰和冲突时，寻求他人的支持是很重要的心理舒缓方式。我们会同家人和朋友吐槽、喝酒、发牢骚，也可以寻求他们给予的物质支持。这就是我们个体的社会支持系统。同样，一个组织或者团队也需要这样的社会支持系统，这样才能保证当团队成员或者团队整体遇到问题的时候，能寻求到一种物质上和精神上的支持。这是一个团队安全感和归属感的重要基础。组织支持系统的来源多种多样，比如可以来自上级领导、下级单位、同级同事，也可以来自相关部门、服务对象、志愿者组织或者专家智囊，还可以来自购买服务、劳务外包、学习培训或者政策支持和环境支持。这些支持主体既可以给予团队物质上的支持与帮助，也可以提供精神上和心理方面的鼓励、激励、尊重和认同。因此，建设快乐无烦恼的团队，就需要我们在平时多关注、多储备我们的组织支持能量，搭建团队整体的支撑系统，从而保障我们的群体能经得起风吹雨打。

团队建设的终极目标，就是塑造一种使得每个人都如鱼得水的组织文化氛围。荷兰学者吉尔特·霍夫斯泰德（Geert Hofstede）给文化下了这样一个定义：所谓"文化"，是在同一个环境中的人们所具有的"共同的心理程序"。他将不同的文化用四种维度加以区分。后来加拿大心理学家迈克尔·哈里斯·邦德（Michael Harris Bond）又补充了第五个维度。这五个维度

是：集体主义和个人主义、权力距离（权力和地位的等级差距是否明显）、不确定性规避（是紧迫焦虑不确定性高的环境还是稳定安全的环境）、男性度和女性度（是竞争进取还是和谐共享）、长期取向和短期取向（是注重真理还是注重德行规范）。一个组织的文化也可以用这五个特征来描述。组织文化的营造同组织文化追求的目标密切相关。如何在进取与和谐之间找到平衡点，创造既积极向上又温暖和谐的组织文化需要团队成员的共同努力。组织文化建设有很多有效的途径，比如组织重组、危机解冻、高层履新、创造仪式和故事等等。

本章测试：贝尔宾团队角色测试（Belbin Team Roles **或** Belbin Team Inventory）

对下列问题的回答，可能在不同程度上描绘了你的行为。每题有 8 句话，请将总分 10 分分配给每题的 8 句话，分配的原则是：最体现你行为的句子给分最高，以此类推。最极端的情况可以是将 10 分全部分配给其中的某一句话。

一、我认为我能为团队作出贡献的是：

序号	题目描述	评分
A	我能够迅速发现并把握住新的机会。	
B	我非常善于同各种类型的人一起工作。	
C	我天生爱出主意。	
D	我的能力在于：一旦发现那些对实现集体目标有价值的人，我就能说服他们为团队的目标作贡献。	
E	我认为善于跟进和落实对我的个人成就起到很大作用。	

（续表）

序号	题目描述	评分
F	如果最终能有好的结果，我愿意面对暂时的冷遇。	
G	我通常能意识到什么是现实的、什么是可行的。	
H	我善于在不带偏见的情况下，提出新的替代方案。	
合计		10 分

二、在团队中，我可能有的弱点是：

序号	题目描述	评分
A	如果会议没有得到很好的组织、控制和主持，我会感到不痛快。	
B	对那些持有正确看法，却没有适当表达出来的人，我往往过于宽容。	
C	每当团队讨论新想法时，我总是说得太多。	
D	我看待事物很客观，这使我很难与同事们打成一片。	
E	在必须做成某件事时，我有时使人感到比较强制和专断。	
F	可能是因为过度在意团队气氛，我发现自己不太容易在前面带领别人。	
G	我太容易被各种主意所吸引，却忘记了眼下应该做什么。	
H	同事们认为我过分注意细节，总有不必要的担心，怕把事情搞砸。	
合计		10 分

三、当我与其他人共同进行一项工作时：

序号	题目描述	评分
A	我的态度会影响别人，不需要动用压力。	
B	对细节的关注使我避免粗心和疏忽。	
C	需要时我会敦促人们采取行动，确保会议不是在浪费时间或离题太远。	
D	在提出独到见解方面，我是数一数二的。	
E	对大家都有好处的建议，我总是乐于支持的。	
F	我总是热衷于寻找新的思想和新的发展。	
G	我相信自己的判断力有助于形成正确的决策。	
H	对那些基础性的工作，我总能组织得井井有条，让人放心。	
	合计	10分

四、在工作团队中，我的特点是：

序号	题目描述	评分
A	我真诚地渴望深入了解同事们。	
B	我不怕挑战其他人的观点，也不怕成为少数派。	
C	我经常能找出一大堆论据来推翻那些不甚有理的建议。	
D	我认为一旦计划开始实施，我就有能力让计划变为现实。	
E	我有意避免让自己太突出或者过于出人意料。	
F	对于我承担的任何工作，我都抱着追求完美的态度。	
G	我乐于动用团队以外的关系。	
H	虽然我对所有主意都有兴趣，但是在必须下决心时我决不犹豫。	
	合计	10分

五、我在工作中的满足感来自：

序号	题目描述	评分
A	我喜欢分析情况，然后权衡所有可能的选择。	
B	我对寻找解决问题的可行方案特别有兴趣。	
C	我感到，我能促进工作中的人际关系。	
D	我对决策有很大的影响力。	
E	我能有机会结识那些有新东西的人。	
F	我能促使人们在某项必要的行动上达成一致。	
G	我感到我身上有一种能使我全身心投入到工作中去的气质。	
H	我很高兴能找到一块可以发挥想象力的天地。	
合计		10分

六、如果突然接受一个困难的任务，时间紧张，人员又不熟悉：

序号	题目描述	评分
A	我宁愿躲进角落，先自己拟定一个解脱困境的方案。	
B	我比较愿意和那些表现出积极态度的人一道工作。	
C	我会通过用人所长的方法来减轻工作负担。	
D	我天生具有紧迫感，这有助于我们不会落在计划后面。	
E	我相信自己能保持头脑冷静，富有条理地思考问题。	
F	尽管困难重重，我也能保证目标始终如一。	
G	如果集体工作没有进展，我会采取积极措施去加以推动。	
H	我愿意展开广泛的讨论，来激发新想法以推动工作。	
合计		10分

七、对那些在团队工作中或与周围人共事时所遇到的问题：

序号	题目描述	评分
A	对那些阻碍进展的人，我容易表现出不耐烦的态度。	
B	其他人可能会批评我太重分析而缺少直觉。	
C	我期望事无巨细都清晰无误，但这不总是能够受到欢迎。	
D	我很容易厌倦，需要一两个有激情的人使我振作起来。	
E	我如果觉得目标不明确，就很难启动。	
F	对那些复杂的问题，我有时不善于向其他人解释和澄清。	
G	对那些我不能做的事情，我会有意识地求助他人。	
H	当我遇到强烈反对时，我不太有把握让对方理解我的观点。	
合计		10分

评分标准

请把每道题中各句分数分别填入下表。每行代表题号，然后按照列的方向汇总分数。得分最高的几项即为你适合在团队中承担的角色。

表7-1　贝尔宾团队角色测试评分表

题目编号	IM 实干家	CO 协调人	SH 推进者	PL 智多星	RI 外交家	ME 监督员	TW 凝聚者	FI 善后者
一	G	D	F	C	A	H	B	E
二	A	B	E	G	C	D	F	H

题目编号	IM 实干家	CO 协调人	SH 推进者	PL 智多星	RI 外交家	ME 监督员	TW 凝聚者	FI 善后者	
三	H	A	C	D	F	G	E	B	
四	D	H	B	E	G	C	A	F	
五	B	F	D	H	E	A	C	G	
六	F	C	G	A	H	E	B	D	
七	E	G	A	F	D	B	H	C	
总分									

贝尔宾团队角色解析

1. 实干家：勤奋，有自我约束力，有组织能力、实践经验；能把谈话与建议转换为实际步骤。

2. 协调人：沉着，自信，有控制局面的能力；帮助确定团队中的角色分工、责任和工作界限。

3. 推进者：思维敏捷，主动探索，有干劲；能寻找和发现团队讨论中可能的方案，并推动团队达成一致意见。

4. 智多星：有个性，思想深刻，知识面广；提供建议，提出批评并有助于引出相反意见，对已经形成的行动方案提出新的看法。

5. 外交家：性格外向，有广泛联系人的能力；不断探索新的事物，善于引入外部信息，善于参加磋商性质的活动。

6. 监督员：谨慎，判断力强，分辨力强，讲求实际；对繁杂的材料予以简化，并澄清模糊不清的问题。

7. 凝聚者：擅长人际交往，温和，敏感，有适应能力；能促进团队合作，给予他人支持，采取行动扭转或克服团队中的分歧。

8. 善后者：勤奋有序，追求完美，持之以恒，关注细节，有急迫感；强调日程表，能发现错误和遗漏之处。

★提升领导干部
素质★加强党员
干部修养
另配文章资讯、
智能阅读向导

第八章

自知多明，从自我
学习开始

开篇案例：不敢太自信

郑勇是一位局长，以处事果断、勇于冲锋著称。他带领大家攻克了一个又一个难关，实现了一个又一个突破，成就了一个又一个辉煌。他的下属们都非常佩服他，一次又一次的成功让大家觉得"听他的，没错的"，跟着他走就一定能走出困境、走向成功。在大家的拥护下，郑勇也越来越变得自信满满。

然而，郑勇不仅是一个善于冲锋陷阵的人，还是一个善于思考的人。有一天，他突然意识到，如果我错了，会怎么样？可能大家还是会相信他，跟着他走。因为他已经做对过很多次了，这一次也一定是对的。大家对他的信任是基于对以往成功的认可。结果大家越信任他，他却越来越迟疑和含糊，因为他不知道这一次是不是一定还是对的。"大家一路跟着我走，我要是把大家带歪了可怎么办？"于是，他开始要求下属，在他提出想法的时候，必须从各个角度提出质疑，不能一致同意。他觉得自己的自信，不仅带来了决策的风险，还可能造成下属们的不自信和缺少怀疑精神，整个组织的健康和效率可能都会受到影响。

一段时间以后，郑勇觉得虽然损失了一些冲劲，但是步子反而迈得更稳了。

一、勇于创新：规避潜念错觉和自信错觉

经验往往给我们带来巨大的财富，在很多关键时刻帮了我们的忙。但是，如果一味依靠经验来处理事情和做工作，没有及时关注周围环境的变化，则可能造成严重的后果或者形成潜在的风险。

领导干部经过长期的历练，通常具有非常丰富的工作经验，很多时候"闭着眼睛""用脚就能干活"。虽然很多时候，这给我们带来了自信和轻松，但是有的时候也蕴含着风险和危机。

1982 年，美国佛罗里达航空公司有一架从华盛顿飞往佛罗里达的航班。执行航班飞行的机组非常有经验，他们的身体状况也都非常好。然而飞机刚刚起飞就出事了。

事后缜密的事故调查发现，在执行起飞前的检查时，副机长会依次读出各个检查项，机长则要检查各个装置是否已经按照规定进行了设置。其中一项检查是防冻装置。那天的例行检查中，机长习惯性地将防冻按钮设置为关闭，因为南方的天气向来比较温暖。但是那一天，天气并不是像往常那样温暖，而是结了冰。于是惨剧就这样发生了。

在进行逐一检查的时候，飞行员似乎在思考，但事实上并非如此。飞行员执行的飞行前检查和空乘人员执行的起飞前安全演示非常相似。这样的工作他们之前已经重复了无数遍，所以再重复进行的时候，他们只是机械地进行了例行的动作，而并没有真正动过脑子。这往往会造成危机和隐患。

人们的行为往往受到环境的影响，但是一个人一旦进入"潜念"状态，就会僵化地处理信息，而对特定的环境背景不予关注，从而导致"潜念错觉"。经验就常常给我们带来自信的错觉。当周围环境和条件变化的时候，如果我们仍旧盲目地按照原来的做法处理事情，而没有及时做出反馈和调整，久而久之，就会固化我们的思维和行为。这种盲目自信和路径依赖，是造成工作中状况频出的原因之一。只有勇于创新，时刻关注和应对工作中的不确定性，才能有效规避这种心理错觉，从而实现超越经验的飞跃。

二、勇于担当：锻炼我们的思维模式

当一个人面对问题和困难时，往往会有两种应对模式：受害者模式和掌控者模式。一件不好的事情发生了，有些人会责怪自己，有些人会指责他人。典型的受害者思维模式的人认为自己的快乐与否，成功与否都掌握在他人手中，他们会推卸责任，发泄愤怒，渴望被同情，让别人觉得自己是对的，总是想通过换工作，改变环境来改变自己的工作和生活状态。典型的掌控者思维模式的人把自己当作产生问题的根源，懂得自省，勇于承担责任，虽然有压力，却总是积极主动地用动力和激情去面对问题。

一个人的思维模式可以有时是受害者模式，有时是掌控者模式。受害者模式主导的时候，人们常常倾向于把问题归因于别人和外在因素，幻想外界或别人改变，如果没有如愿，就会产生抱怨甚至怨恨。掌控者模式主导的时候，人们往往把问题向内归因，找寻原因，不断地改变和调整自己。

表8-1　受害者模式与掌控者模式

受害者模式	掌控者模式
使人抱怨	使人有责任感
我不行	我行
为什么是我	为什么不是我
需要援救	主动出击
创造稀缺心态	创造富足心态
成为消费者	成为生产者

　　作为新时代的领导干部，我们要勇于担当，敢于作为。从心理学角度讲，一个人越是勇于担当，就越容易抛弃受害者模式，而积极地用掌控者模式思考和行为，久而久之，这会让我们的心理更强大，进而更加勇于担当作为。

　　领导干部常常面临很多不确定的突发情况，也会遇到很多不可能完成的任务。这些"急难险重新"（急事、难事、险事、重担、新任务）的工作，在别人看来可能是痛不欲生，在我们看来却可能就是家常便饭。最初遇到的时候，我们可能还会偶尔启动受害者模式抱怨一下，牢骚两句，遇到的多了，我们往往会马上启动掌控者模式，积极行动，挑起重担，出主意、想办法、带领大家把工作推进下去。否则的话，我们根本无法成为一个合格的领导者。一个一个的挑战攻克下来，我们会发现自己越来越自信，不怕困难，勇于挑战。久而久之，在这样的思维和行为模式的不断锻炼下，我们不仅越来越成为勇于担当的好领导，我们的心理也经受了越来越多的考验和磨炼，从而变得更强大。

　　当然，掌控者模式也有一个需要把握的度的平衡，超越了这个平衡，也可能产生一种病态的模式。

事实上，要成为社会的领导者，首先要成为自己人生的领导者，直面问题、体验失败、承担责任。一个人越表现得像受害者，就越不可能成为领导者。

三、善于学习：将研究成果应用于实践

（一）关于心脑协调的研究成果

过去人们认为，在休息时心脏跳动的节奏是平稳不变的，其实健康的心脏在休息时的跳动节奏也是非常不规律的。心率（Heart Rate，简称 HR）指的是每分钟心跳的次数，是特定时间段内节拍的平均值，但是每次心跳的时间可能存在细微差别。心率变异性（Heart Rate Variability，简称 HRV）指每两次心跳之间的间隔长短随时间所发生的变化情况。罗林·麦克拉蒂（Rollin McCraty）等学者的研究发现，逐次心跳之间的变化模式反应出情绪状态的改变。心率变异性能够客观和动态地反映人的情绪变化、疲劳程度以及应激状态下的心理变化，是反映生理弹性和行为弹性的重要指标。

心脏的作用不仅是一个"泵"，事实上它是一个高度复杂的信息加工中心，心脑之间存在双向、动态的信息交流。心率变化可以反映压力和自主神经系统的活动。当心率变化整齐稳定时，自主神经系统达到协调状态，大脑脑波的活动跟心率变化周期同步，此时人们的知觉、情感和认知水平得到提升。研究证明，当人们学会关注心脏，感受到积极、真诚的情感时，大脑可以被心脏所引导。在积极情绪下心脏传递给大脑的传入信息能以多种方式改变大脑的活动，从而促进心脑实现同步状态。如果我们通过一定的干预方式调节心率变异性实现协调状态，就能促进自主神经系统达到平衡状态。这时心率的变化模式和大脑脑波实现同步，个体生理和心理达到最协调的运作状态，从而结束压力状态、提高情绪管理能力、消除疲劳、促进身心健康。

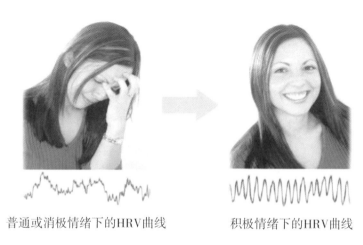

普通或消极情绪下的HRV曲线　　　　　　积极情绪下的HRV曲线

图8-1　不同状态下心率变异性（HRV）曲线对比

当人们处于焦虑、紧张、抑郁等负性情绪状态时，自主神经系统会出现失衡，HRV曲线紊乱；由于身心疲惫、病变等导致心脏机能衰减时，HRV曲线波幅也会变小。然而，积极情绪可以驱动精神生理相干模式，促使认知、情感、生理系统达到同步化与和谐性，进而提高自我再生能力。

积极的情绪会促使相干状态自然而然地出现，从而改变从心脏传送到大脑呼吸等中枢的传入信息。大脑传入信息的改变又转而可以促使积极情绪状态和相干模式能持续更长的时间，甚至在富有挑战性的情景中这种调节方法也同样有效。当积极情绪状态驱动生理相干模式时，我们称此时的相干为精神生理相干。

在精神生理相干模式下，人的情感状态保持持久的积极性，智力思维与情感呈现出高度的稳定性。认知、情感、生理系统的同步化与和谐性增强，从而使得人体的整体功能更加高效和谐。美国心脏数理研究院在涉及不同人群的广泛的临床研究中发现，提高自我再生能力、保持精神生理相干状态有很多益处，可以舒缓压力、焦虑与抑郁，减少疲劳，增强免疫与激素系统的平衡，提高认知能力、促进学习，提高组织机构的效力，增进身体健康。

根据这一原理开发出的减压系统已经应用于体操、射击等运动员身上以提升运动成绩，在教育、部队、警察系统也得到广泛应用。就我们个人而言，我们也可以通过长期有规律的练习，提高神经系统的弹性和自我修复能力，增强认知与情感系统的稳定性，提高生理和心理健康水平。

我们可以按照下面的三步训练法进行练习。

第一步：关注于心。将注意力集中在心脏。首先我们可以试图集中注意力，然后逐步地把注意力集中到心脏部位。

第二步：用心呼吸。用心脏均匀深呼吸。我们可以进行有节奏的深呼吸，想象呼吸过程是通过心脏来进行。将平时的呼吸速度放慢，每一次呼和吸的时间分别控制在 5 秒钟左右。随着缓慢深沉的呼吸开始冥想，想象每一次吸入的氧气都滋润你的心脏，尝试感知胸口出现的温暖或扩张的感觉，并且用思想和呼吸来促进、鼓励它。这里需要注意保持呼吸的节奏。如果无法进行深沉而绵长的呼吸，可以首先吐尽一口气，然后稍微停顿几秒才开始下一轮的自然吸气。

第三步：用心体验。体验积极的情感。将脑海中一切繁杂的、困扰你的事情抛开，注意发现自己非常自豪、非常开心的感觉。要调动赞同或感激的感觉，当你的嘴角泛起微笑，你已经激发出一股内在的暖流和愉悦的感觉，那么你的协调性已经渐渐地建立起来了。

我们可以尝试打开那些与积极经历有关的记忆，重新唤起那些愉快、兴奋、享受、满足和自豪的感觉。以此想象来调节自己，也可以想象一下你一生中真正感谢的某个人（或一个宠物，一个特殊的地方，或者你曾有过的快乐时光），并感受那时候你所感受到的幸福感觉。

这样的练习可以每天进行一到两次，几个月以后，你就会逐渐发现自己不那么容易紧张了。即使出现紧张的状况，我们也可以很快地恢复到平稳的情绪之中。

（二）关于人际交往的研究成果

我们的工作和生活，离不开与他人的交流。我们人生中发生的事情几乎全都能转换为人际关系的问题。奥地利心理学家阿尔弗雷德·阿德勒（Alfred Adler）说，人生的所有烦恼都来自人际关系。想要解决人生的烦恼，过上幸福美满的生活，维持良好的人际关系是不二法门。

1938 年，哈佛大学开始了格兰特项目（The Grant Study），一项持续至今的、人类历史上最长的研究项目之一。20 世纪 70 年代，该项目同格鲁克项目（The Glueck Study）合并，成为成人发展研究项目（The Study of Adult Development）的一个重要组成部分。格兰特和格鲁克项目（The Grant & Glueck Study）跟踪了 724 位男性（268 名美国最好大学的学生和 456 名出生于波士顿附近贫困家庭的年轻人）。从少年到老年，年复一年地询问和记载他们的工作、生活和健康状况等。在 80 多年的时间里，这些年轻人长大成人，进入到社会各个阶层。成为工人、律师、厨师、医生，有人成为酒鬼，有人患了精神分裂症。有人从社会最底层一路青云直上，也有人恰恰相反，掉落云端。经过多年的研究分析和观点提炼，哈佛大学告诉我们：幸福与社会名望、财富、成功都没有直接的关系。只有好的社会关系，才能让我们幸福、开心。无论是受过高等教育的精英也好，还是从贫民窟走出来的人也罢，不管你是风光万丈，还是碌碌无为，最终决定内心是否有充足幸福感的，是我们与周围人之间的关系。

研究发现，那些跟家庭成员更亲近的人、更爱与朋友邻居交往的人，会比那些不善交际、离群索居的人更快乐、更健康、更长寿。孤独寂寞有害健康。

人际关系的质量比数量更重要。有多少朋友、是否结婚，这都不是最关键的决定元素。最让人感到受伤和不幸的，是人生中的龃龉、争吵和冷战。那些婚姻不快乐的人，哪怕有一点不适，坏情绪就会把身体的痛苦无限放大。

好的人际关系还可以保护人的大脑，减少我们的焦虑和患上老年痴呆症的可能性。因此，我们都应该积极建立、维护良好的人际关系，让周边润滑起来。正如主持了30多年该项目的乔治·瓦利恩特（George Vaillant）对研究成果的总结："幸福就是爱。句号。""爱，就是最简要的结论。"

（三）关于选择与决策的研究成果

很多研究表明，人类对于痛苦和幸福都存在适应现象。比如，人们对于好事和坏事都有适应性，对于金钱和财富也具有适应性。但是，对于某些极端的事物、变动大的事物或者涉及精神方面的事物可能就难以适应。比如，一个人在找女朋友时，可能被问到：你是希望找个漂亮的还是性格好的？研究表明，人们对于漂亮是比较容易适应的，也就是说，看着看着就觉得不是那么漂亮了。但是，人们对于性格不好是很难适应的。今天因为性格不好与你吵架，你会觉得很郁闷，明天再吵的时候还是会觉得很郁闷。再比如，在预算相同（其他情况也相同，不涉及孩子上学和老人看病）的情况下，是选择中心城区的一个"老破小"但是上班近的房子，还是选择郊区的一个又新又大但是上下班耗时很久的房子呢？不同的人可能会有不同的选择。行为科学的研究表明，人们对于空间的适应能力是很强的，也就是房子无论大小，住习惯了就好。但是人们对于每天长距离上班的刺激是很难适应的。如果我们选择用我们容易适应的事物去同我们难以适应的事物交换，就可以在很大程度上减少烦恼和焦虑，从而过得更幸福。在工作中，这样的原则同样适用。

曾经有一位领导在一个会议休息期间跟我抱怨：我15分钟什么也没有干，就打了一个电话！我们单位周末在郊区搞一个活动，我想派部门里的小伙子早到一个小时去盯一盯，结果他跟我说了15分钟，就是他去不了！怎么现在年轻人上班跟上刑一样？

我跟他说，如果换位思考一下，没准还真跟上刑一样。你想一想，小伙子爱熬夜，老晚不睡觉，周末就更想多熬一会儿，提前一个小时去郊区，他可能要很早很早就起床，对于习惯睡懒觉的年轻人来说，可能真跟上刑一样。如果这件事派一位习惯早起的同志去，给小伙子安排一个更适合他的任务，他可能会更加心甘情愿去做，也会做得更好。

有一个法院的部门，在年度考核里总是排在倒数。部门领导通过调研和分析考核指标发现：他们部门的信息报送工作是一个短板，同其他部门相差很大。于是，他赶紧出台了激励措施，将写信息赋予的分值大幅提高，与写专业文书的分值几乎相同。他觉得写一条信息比写一份文书容易多了，一定能激励大家多写信息。然而，几个月过去了，收效甚微。通过询问他了解到，大家都是科班出身，觉得写信息不够专业，有点大材小用，不屑于写；而且觉得写信息这件事很无聊，体现不出价值。后来，这位领导换了一种方式：他让年轻人组成一个小组，开通了一个公众号，大家轮流值班维护这个公众号。这一下子大家的兴致突然高涨了起来，很快排好了班，每天都有新东西更新。然后，他让大家定期把公众号的推送内容转化为信息报送，当年他们部门就在考核中取得了第一名。后来，这个公众号成为院里对外宣传的一个重要窗口，关注量达到"10万+"。在此基础上的推文大赛更是吸引了越来越多的人加入进来，成为院里的一项重要活动，受到上级的多次表扬和肯定。

将不适应转换为适应，不仅仅能提升工作效能，更会增加参与者的幸福感和满意度。

本章测试：A 型人格测试（TABP）

请阅读并回答下面的问题，如果符合自己的情况，就在"是"的一栏里打"√"；如果不符合自己的情况，就在"否"的一栏里打"√"。请按照第一印象回答，不要花费太多时间思考。

表 8 - 2　A 型人格测试表

编号	题目	是	否
1	我觉得自己是一个无忧无虑、悠闲自在的人。		
2	即使没有什么要紧的事，我也走路很快。		
3	我经常感到应该做的事情太多，有压力。		
4	我自己决定的事，别人很难让我改变主意。		
5	有些人和事情常常使我十分恼火。		
6	我急需买东西但又要排长队时，我宁愿不买。		
7	有些工作我根本安排不过来，只能临时挤时间去做。		
8	上班或赴约会时，我从来不迟到。		
9	当我正在做事时，如果谁要打扰我，不管有意无意，我都感到非常恼火。		
10	我总看不惯那些慢条斯理、不紧不慢的人。		
11	我常常忙得喘不过气了，因为该做的事情太多了。		
12	即使跟别人合作，我也总是想单独完成一些更重要的部分。		
13	有时我真想骂人。		
14	我做事总是喜欢慢慢来，而且思前想后，拿不定主意。		
15	排队买东西，要是有人插队，我会忍不住要指责他或者出来干涉。		
16	我总是力图说服别人同意我的观点。		
17	有时连自己都觉得，我所操心的事情远远超过我应该操心的范围。		
18	无论做什么事，即使比别人差，我也无所谓。		
19	做什么事我都不着急，着急也没用，不着急也误不了事。		
20	我从来没有想过要按自己的想法办事。		

（续表）

编号	题目	是	否
21	每天的事情都使我精神十分紧张。		
22	即使出去玩，比如逛公园等，我也总是先逛完，然后等着同来的人。		
23	我常常不能宽容别人的缺点和毛病。		
24	在我认识的人里，个个我都喜欢。		
25	听到别人发表不正确的见解，我总想立即去纠正他。		
26	无论做什么事，我都比别人快一些。		
27	人们认为我是一个干脆、利落、高效率的人。		
28	我总觉得我有能力把一切事情办好。		
29	聊天时，我总是急于说出自己的想法，甚至打断别人的话。		
30	人们认为我是一个安静、沉着、有心性的人。		
31	我觉得在我认识的人里值得我信任和佩服的人实在不多。		
32	我对未来有很多想法和打算，并且总都能尽快实现。		
33	有时我也会说人家的闲话。		
34	尽管时间充裕，我吃饭也很快。		
35	听人讲话或者作报告时，如果我感到讲得不好就非常着急，总想不如我来讲。		
36	即使有人欺侮了我，我也不在乎。		
37	我有时会把今天该做的事拖到明天去做。		
38	当别人对我无礼时，我对他也不客气。		
39	有人对我或对我的工作吹毛求疵时，很容易挫伤我的积极性。		
40	我常常感到时间已经很晚了，可一看表还早呢。		
41	我觉得我是一个对人对事都非常敏感的人。		

（续表）

编号	题目	是	否
42	我做事总是匆匆忙忙的，力图用最少的时间办尽量多的事情。		
43	如果犯了错误，不管大小，我全都主动承认。		
44	坐车时，即使车开得很快，我也常常感到车开得太慢。		
45	无论做什么事，即使看到别人做不好，我也不想拿来替他做。		
46	我常常因为工作没做完，一天又过去了而感到忧虑。		
47	很多事情如果由我来负责，情况要比现在好得多。		
48	有时我会想到一些说不出口的坏念头。		
49	即使领导我的人能力很差，我也能服从和合作。		
50	必须等待什么的时候，我总是心急如焚，缺乏耐心。		
51	我常感到自己能力不够，所以在做事不顺利时就想放弃不干了。		
52	我每天都看电视，同时也看电影，不然心里就不舒服。		
53	别人拜托我的事，只要答应了，我从来不拖延。		
54	人们都说我很有耐心，干什么事都不着急。		
55	外出或跟人约定办事时，我很少迟到，如果对方耽误了，我就很恼火。		
56	偶尔我也说一两句假话。		
57	许多事本来可以大家分担，可我就喜欢一个人干。		
58	我觉得别人对我的话理解太慢，甚至理解不了我的意思。		
59	我是一个性子暴躁的人。		
60	我常常容易看到别人的短处而忽视别人的长处。		

评分标准与测试结果分析

A 型行为类型是美国心脏病专家弗里德曼（M. H Friedman）和罗森曼（R. H. Roseman）首先提出的概念。他们发现很多冠心病患者都表现出共同而典型的行为特点，比如雄心勃勃，争强好胜，醉心于工作，但缺乏耐心，容易产生敌意情绪，常有时间紧迫感等，其突出表现是紧张过度。他们把这类人的行为表现称为 A 型行为类型（TABP）。相对而言，缺乏这种特点的行为被称为 B 型行为类型。弗里德曼和罗森曼在此基础上开发了第一个 TABP 测查工具，称为 A 型行为结构化访谈（Structured Interview，SI）。1983 年，我国张伯源等学者在 SI 以及后来的詹金斯活动量表（Jenkins Activity Survey，JAS）、弗雷明翰（Framingham Type A Scale，FTAS）和德克萨斯 A - B 型行为测验（Texas A - B Index，TAI）的基础上开发了中国版 A 型行为类型问卷(TABP)。问卷包含 60 道题目，各个题目的评分标准如下。

表 8 - 3　A 型人格测试评分标准

分量表	回答"是"得 1 分的题目	回答"否"得 1 分的题目	得分
L 量表	8、20、24、43、56	13、33、37、48、52	
TH 量表（时间紧迫感）	2、3、6、7、10、11、19、21、22、26、29、34、38、40、42、44、46、50、53、55、58	14、16、30、54	
CH 量表（竞争性）	1、5、9、12、15、17、23、25、27、28、31、32、35、39、41、47、57、59、60	4、18、36、45、49、51	
总得分（=TH 得分 + CH 得分）（不含 L 量表得分）			

L 量表为测谎题，如果得分超过 7 分，则为无效测试。将 TH 和 CH 量表的得分加总得到总得分。得分的评估标准如下：

37～50 分：典型的 A 型人格。

29～36 分：偏 A 型人格。

27～28 分：M 型人格（中间型）。

19～26 分：偏 B 型人格。

18～1 分：典型的 B 型人格。

典型 A 型性格的人具有时间紧迫感，动作匆忙，办事节奏快，总感觉时间不够用；遇到困难也不罢休，对任何事情都有一种不满足感。竞争意识强烈，缺乏耐心，有时还具有敌意情绪，对阻碍事情发展的人或事物表现出激烈的反感或攻击意识；雄心勃勃，争强好胜，脾气急躁，而又果敢勇猛，干练利索，有很强的控制欲；有事业心，对节奏缓慢和浪费时间的人或事物会表现出不耐烦，因而造成人际关系紧张。A 型性格的人不懂得照顾自己，常使自己整天处在紧张和压力之中，因此心脑血管疾病发病率高。

如果你是典型的 A 型性格，可能就需要在工作和生活中逐渐"降速"，让节奏慢下来，合理安排工作，兼顾生活和兴趣爱好，并加强心脑血管方面的健康管理。

典型 B 型性格的人恰恰相反，心态平和，随遇而安，容易与人相处，有时也逆来顺受；做事慢条斯理，四平八稳，有耐心；生活悠然自得，节奏不快，压力也不大。不过 B 型性格的人属于回避型的人，时间感弱，做事容易不了了之；从事高压力、快节奏的工作时可能会感到不适应。

M 型性格的人则处于上述两者之间。情绪相对稳定，能合理安排时间；有耐心，喜欢循序渐进，积极进取但不争强好胜，有时也缺乏行动力。

第九章

自知多明，从自我悦纳开始

开篇案例：发挥优势，做更好的自己

一直以来，组织和我自己对自身性格的认知是一致的，这次心理测试的结果也基本印证了这一点。虽然说一个人的性格没有好坏之分，但会对个人的工作、成长产生直接的影响。对此，我有着深切的体会。我觉得，我的性格直接影响到了自己的工作和职业成长道路。

从优点上说，我比较具有吃苦耐劳的精神，能较快适应环境，能与他人较好地合作共事。为人诚实守信，真诚坦白，原则性和责任心较强，能认真负责地做事、待人和守规守法。能正确看待和处理生活工作中遇到的事情，对人对事有自己的立场和观点，但也会考虑到他人的意见和感受，能随机应变。这些特点，决定了我参加工作以来，无论在哪个工作岗位，都能够认认真真、踏踏实实地做人做事，与同事都能保持团结和谐的关系。特别是走上领导岗位后，无论工作多么艰难，人际关系多么复杂，我都能沉着应对、理性处理。在班子内部，能够较好地贯彻民主集中制原则，充分地发扬民主，广泛地听取大家意见。走过的几个任主要领导的岗位，班子都比较和谐团结。

从缺点上看，我不太善于与人交往，不喜欢参与群体性活动，缺乏活力和行动能力，做事常常顾虑很多，谨慎小心，容易优柔寡断。常常有自卑心理，兴趣爱好单一，少有欢乐愉快的心情，对生活、工作和自己缺乏信心。与人交往和做事，很少主动，一般都处于被动位置。这种性格特点，导致我在工作上求稳怕乱，做事按部就班、墨守成规，缺乏开拓创新的精神，致使工作没有大的突破。同时，这种性格特点，也直接影响了个人的成长发展路径。比如，在到街道工作之前，我虽然经历过五个单位，但都是区直部门。组织上曾经几次考虑让我到乡镇去工作，也征求过我本人的意见。从自己来说，我从内心对乡镇工作有一种害怕和恐惧，怕干不好、干不了，都表示不愿意去。组织上也是考虑怕我的性格不能适应乡镇的工作环境，最后采取了一个折中的方案，就到街道来工作了。从这个意义上说，性格影响了我的成长发展路径。

虽说性格的形成不是一朝一夕的，也不容易改变，但我想通过努力来克服和改变自己性格上的缺点，补齐性格短板，做更好的自己。

一是增强自信心。克服自卑心理，相信自己的能力，相信自己能够做好一些富于创新性、挑战性的工作，并努力付诸实践。二是增强交往和沟通能力。多参加群体性活动，主动与人沟通交流，特别是在公众场合、陌生群体中，大胆地表现自己，在实践锻炼中不断提高自己。三是培养兴趣爱好。通过多参加感兴趣活动，愉悦自己的心情，增强积极向上的精神状态。

这是一位街道书记的自我认知小传。在一些领导干部的培训中，我们会组织领导干部进行心理测试，并根据测试结果撰写自我认知小传，然后在课堂上进行交流，以达到学学相长的目标。

这位领导交流发言以后，很多同学在下课后都跑到他身边。"老陈，你的发言怎么跟检讨似的？你性格沉稳，踏踏实实的，多好啊！""老陈，你多靠谱啊！跟你共事，可让人放心了。""老陈，说实话，我挺羡慕你的。我总是风风火火，毛毛躁躁的，什么时候能像你那样稳稳当当啊！""老陈，你有那么多缺点啊？

干脆把你缺点都给我得了！我巴不得呢。"

老陈万万没有想到，大家是这样的反应。他一直以来认为的缺点，在很多人看来反而是优点，还让人羡慕得不得了。

积极心理学认为，每个人都具有自己的性格特质和特征优势。如果我们懂得发现、运用和培育自己的积极特质，就能更好地认知自己，并获得更多的幸福。也就是说，要更多地"扬长"而不是"补短"，这样更有利于获得满意的生活。

克里斯托弗·彼得森和马丁·塞利格曼（Martin Seligman）等学者提出了 VIA 优势和美德分类体系（Values and Action Classification of Character Strengths and Virtues），包含了 24 种人类最优秀的品质。克里斯托弗·彼得森（Christopher Peterson）和鲍勃·弗雷德里克森（Bob Frederickson）进一步从两个维度将这

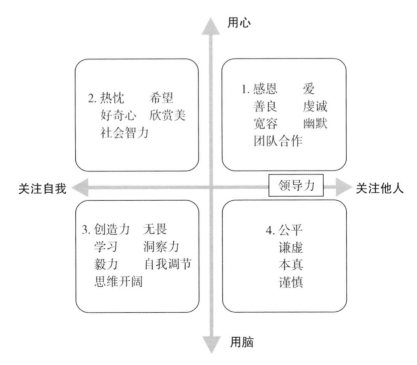

图 9－1　优势分布图

24 种特质进行了分类。一个维度是关注自我还是关注他人；另一个维度是用脑还是用心。可以看出，善良、宽容、团队合作属于用心、关注他人的优势；谦虚、公平属于用脑、关注他人的优势；而热情、有好奇心属于用心、关注自我的优势；自我调节和洞察力属于用脑、关注自我的优势。每个人都有自己独特的优势，但是没有人能占有所有的优势。在距离比较近的优势上得到高分是可能的，但是在距离比较远的优势上得到高分是很难的。比如，一个人不太可能同时具备热情和谨慎的特质。

老陈的优势在于：他用心关注他人，也用脑关注他人：善良、宽容、善于团队合作；本真、谨慎、谦虚、公平。这恰恰是领导力的优势所在。怪不得组织上和同学们对他都特别认可。而热情、无畏、自我调节等方面的优势，可能老陈并不具备。也就是说，他对自我的关注不够，因而觉得自己很多地方做得不好，也有很多性格方面的缺点，自我评价过低。马丁·塞利格曼等学者认为，我们不仅要看到自己的优势，还要善于发掘并运用自己的优势特质进行工作和生活，并通过持续的练习，获得更多的幸福感。

老陈根据大家的反馈认真思索了自己的优势所在，而不再紧紧盯着自己的不足。他的发言题目也由"补齐性格短板，做更好的自己"改成了"发挥优势，做最好的自己"。

两年以后，当我们再次见到老陈的时候，他已经升任到上一级的领导岗位，还是那个踏实、沉稳的样子，但是更多了些许自信和发自内心的微笑。

一、接纳自我，重塑自我认知

自我认知是接纳自我的基础，脱离自我认知，人对自己的评价和判断就会失去可信赖的基础，只有建立在清晰自我认知基础上的接纳才值得推敲。因此，一个人要想完全的接纳自我，必须重新审视自我认知，结合自己的生活和工作的实际情况，对自己的优势和不足有清晰的判断，并能够采取策略进行自我改进，自我完善。建立在自我认知重塑上的自我接纳，个体应该具备良好的心理素质，情绪稳定，身心愉悦，禁得起考验，耐得住历练，积极有为，进取担当。近些年来，随着心理学研究的快速发展，"自我接纳"这个词语出现的频率越来越高。可是有些对这个词语一知半解的人始终心存疑惑："自我接纳"意思就是对自我的一切都采取积极的态度？意思就是一股脑地接纳自己的所有？可是如果自己在性格上有很多让人难以容忍的缺点？可是如果自己一辈子都没有做过一件有价值的事呢？人们的疑问完全可以理解，因为大部分人已经习惯了有条件地爱和被爱。在我们的生活中，很多人不相信，人生来就是有价值的，一个人之所以被爱并不是因为他做了什么，而是只要他存在，他就值得接纳。当一个人还是小婴儿的时候，他不知道什么是好什么是坏，随着小婴儿的逐渐长大，他的父母和社会逐渐告诉他：如果你这样做，我就爱你，否则我就冷落你；如果你那样做，我就赞美你，否则我就惩罚你；天长日久之后，他便开始明白：事情有对错好坏，如果我做对或做好了某事，我就是可爱的和有价值的；如果我做错或弄糟了某事，我就不可爱和失去价值。自我认知的建构就是在潜移默化中完成的。正是这些判断好和坏的标准让人们在不知不觉中禁锢了自己的心灵。于是人们总要与周围人进行比较，却忘了每个人都是独一无二的，不具备可比性的。误以为自我批评是大大的美德，却忘了自我批评的前提是先对自我有足够的接纳。过于关注别人对自己的看法，却没想过别人是按照你希望别人看到的样子来看你的。总以为所有人都在看着你的表现，却不知道每个人其实都在盯着自己，根本无暇去看别人。人们就是这样一步一步走进自己亲手架设的牢笼，距离自己的内心越来越远，及至再也无法听到属于自己的声音，只是机械地按照社会标准来衡量自己，对自己的不满就是这样蔓延到无法收拾的地步。

每个领导干部都应该明白的一件事是：爱自己和接纳自己不需要任何条件。无论你曾经做过什么，无论你是怎样的，拥有什么样的外貌特征、声音体味，无论你来自什么样的文化和家庭背景，作为这个世界的一分子你都是独一无二的，唯一的，这个世界因你的存在而更多元更丰富，所以你天然地就应该被接纳，尤其是被你自己所接纳。

接纳自己的方式最主要的是要接纳自己的缺点。美国心理学家卡尔·兰塞姆·罗杰斯（Carl Ransom Rogers）总结自己几十年心理咨询的经验，认为接纳自己就是不隔离情绪。罗杰斯指出：如果我以一种戴着面具的方式与他人相处，维持一种与内心体验不同的表面的东西，于人于己毫无帮助。当我以接纳的心态聆听自己时，当我能够成为我自己时，我感觉自己会更有效力。换句话说，我只要接受自己的真实存在，我就能够有所变化，就能够超越自己现有的存在样式，从而也导致人际关系变得真实。容许自己去理解他人，具有极大的价值。同时，理解是在以一种双重的方式丰富自己。敞开心扉，创造一种安全的氛围，使他人可以与我分享他们的感受。接纳当事人，把他的感受、态度和信念作为他真实而至关重要的一部分如实接纳下来，才能协助他变成一个有清晰自我认知的人。我越向我自己的真实以及他人的真实开放，我就会越发尊重复杂的生活过程，而越不可能有一种要去"安排一切"的冲动。接近真实永远不会是一个有害的、危险的、令人不高兴的事情。所以，尽管到现在我仍然会讨厌调整我的思想，讨厌不得不放弃自己陈旧的观察方式和思考方式；但是在更深的层面上，我已经在一定程度上逐渐意识到，这种令人痛苦的改造过程就是我们常说的学习。尽管令人经历痛苦，学习能让我们以更为真实，因而也更加令人满意的方式看待生活。我们每个人最个人化的、独一无二的东西如果得到分享或表达，就可能深入他人的内心世界。在做当事人治疗的深层接触中，我总是发现，即使那些麻烦很大的人，行为上已经非常反社会的人，情绪看起来极不正常的人，这个积极取向在他们身上也是真实存在的。如果我能敏锐地理解他们表达的体验，能够按照他们的本来面目接纳他们的独立人格，那么我发现他们往往是朝向积极的、建设性的、自我实现的、成熟成长的、社会化的方向发展。个体越被充分地理解和接纳，他就越容易摒弃那些他一直用来应付生活的假面具，就越容易朝着面向未来的方向改变。在最理想的状态下，生活是一个流动变化的过程，其中没有什么是固定不变的。当生活非常丰富、非常有价值的时候，它就是一个流动的过程。体验这个过程既令人感到陶醉，也让人感到些许的害怕。

二、自我悦纳，从身心健康开始

自我悦纳和身心健康紧密相连在一起，身心健康是自我悦纳的基础，只有身心愉悦，人才会积极有为，进取担当，从而能远离消极情绪的困扰。反过来，自我悦纳意味着个人能接纳自己，尤其是自己的缺点，个人心情愉悦，充满正能量，身心健康就是水到渠成的事情。因此，自我悦纳和身心健康是相互促进的，它们二者形成一个良性循环圈。

自我接纳是我们人生中一个十分重要的话题。我们为什么要认识自己？认识自己，不管好也罢坏也罢，都要先坦诚地接纳自己。在心理学上，所谓自我接纳，是人对自身以及自身所具特征的一种积极的态度，也就是能欣然接受现实自我的态度。一个人连自己都不接纳，还怎样去接纳别人？没有对自己的接纳，我们的心灵就会被压垮，哪里还有成长的希望。生活的真实是：只要我们身心愉悦，我们有充分的理由学会自我接纳。

不能自我接纳或不能完全自我接纳的人，常常也无法体验到充分的幸福感和成功感，由此身心就会不愉悦。因为不能自我接纳会导致深深的自卑感，无论他们在客观上显得多么的优秀、多么的成功，都是如此。人们越是感到社会不够接纳自己，他们的负面情绪就越严重，使得幸福感降低。当一个人自我接纳程度不足够时，他将花费更多的精力用于处理内心的纠结，从而影响他在社会竞争中的发挥，在获取物质财富、情感关系和个人成就方面自然也就大打折扣。众所周知的是，以上三个因素与一个人的幸福感是息息相关的。而那些自我接纳程度较强的人，有着稳定的自我观，可以对自己作出客观现实的评价，信任自己的想法和感觉，那么他们在人际关系中就会更加游刃有余（不能接纳自己的人，也较难接纳他人），也更容易获得幸福感和成功感。此外，不可否认的是，由于人类单一个体的弱小，那些善于与他人合作的人，其社会适应性会更好，这无疑会反过来促进一个人的自我接纳程度。有些人在自我接纳的道路上步入歧途。比如明明对自己极不满意，内心里充满对自己的抱怨和批评，却每天自我催眠般地只看自己愿意看的部分，一遍遍地强化自己的优越之处，而将那些自认为的缺点忽视或掩藏起来，满足于短暂的表面的光芒四射，像是戴了一个华丽的面具在与社会互动，更像是明明在进行着一个无聊空洞的旅行，却总是假装兴高采烈、乐不思蜀。这种做法实际上是一种自我欺骗，除了给当事人带来各种焦虑和不安的情绪，还常常让他不得不陷入面具被戳穿的担忧之中。

真正的自我接纳需要经历以下漫长的过程。首先，是坦然正视真实的、客观的自我，包括身体特征、家庭背景、成长经历、个性特点等一切与自我相关的内容，此时仅仅是正视，不作任何好或者坏的评价。其次，在正视真实自我的基础上，再审视自己还可以做得更好的地方，甚至不怕来一场自我批评，但之后就要将这种不满转化为对自己的合理期望。再次，真正的自我接纳是一系列的行动，在真实自我的基础上，一步一步去塑造期待中的自己。最后，真正的自我接纳，除了要接纳自我本来的样子，要接纳对自己的寄望，还要接纳完成对自己的寄望是个并不短暂的过程这一事实，更要接纳在完成对自己的寄望的过程中，那个可能时而前进时而退后时而又原地徘徊的自我。

三、自我悦纳，亟须激发正能量

正能量会给人一种希望，并鼓舞人不断追求进步，让生活变得充实而富有激情。顾名思义，正能量无论在生活中还是工作中能激发个人积极进取，担当作为，从而引导个人以饱满的精神状态接纳自我。为此，领导干部要想接纳自我，亟须激发正能量。每个人身上都是带有能量的，健康、积极、乐观的人带有正能量，和这样人交往他能将正能量传递给你，令你感染到那种快乐向上的感觉，让你觉得"活着是一件很值得、很舒服、很有趣的事情"；而悲观、体弱、绝望的人刚好相反，或多或少都会被负能量所影响，甚至会把自己的负能量感染给身边的人。如果这种负面的心理能量没有得到及时的转换，就会产生巨大的破坏性，足以让一个人迷失自我，闷闷不乐，精神疲惫，甚至会让人消沉颓废，遭遇人生的"滑铁卢"。

如今我们每天都会接触到各种负能量，比如生活中经常听到的各种抱怨、指责、冷漠等等，这些负能量的传播会将我们仅有的正能量消耗殆尽，并且不断传播给周围的人，就像病毒的传播一样。这种负能量会给你带来巨大的伤害，它的传播也会给他人带来更多的伤害。而真正内心强大的人，有能力疏导自己的负能量，找回自己的正能量，在人际关系中更能够将接触到的负能量转化为正能量，从而净化自己的生活和工作环境，帮助更多的人接纳正能量。

今天能够被人广泛接纳的正能量，已经不仅仅是简简单单的"正能量"三个字，也不仅仅是成功法则，更是最直接呈现一个人学识、修养、心智和品位的综合能力指数，也是每个人提升自我、成就事业、获得尊重、得到幸福、改变命运的人生必修课。为此，领导干部要从以下几个方面激发正能量，以此来接纳自我。

第一，找回正能量，活出全新的自己。每个人的心里都潜藏着巨大的正能量，一旦正确使用这种能量，就足够成就丰功伟业。相反，如果这种正面的心理能量没有得到正确的使用，就会产生巨大的负能量，足以让你一生一事无成。例如，遇事总是怨天忧人，对未来过度地焦虑；或者常常过度自责，或者做事不负责任；或者对自己没有足够的自信，对他人更加是完全不信任。我们每个人都应学会疏导自己的负能量，找回自己的正能量。

第二，积聚正能量，笑对人生坎坷路。富有正能量的人，会对生活乐观，他们知道生活本来就悲喜交加，所以已经学会坦然面对。当快乐来临时，会尽情享受，当烦扰来袭时，就理性解决。他们相信改变的力量，确实无法改变时，就坦然接受。他们相信人生路上的坎坷也是一种风景，值得留念和珍惜。

第三，制造正能量，让心灵常葆活力。富有正能量的人，坚定自己的信念，拥有人生的目标，知道自己的所需并为之不断努力。他们欢迎变化也制造进步。当困难来临时，他们不嫌麻烦或贪图安逸，他们知道山丘后面会有道更美丽的风景。当心灵疲倦时，他们知道如何调整自己的内心，让心灵重获能量。

第四，接纳正能量，激发内心光明面。富有正能量的人，拥有大智慧，他们分得清世界的黑白曲直，不会在人生的道路上跑偏也不会随波逐流。他们不会扭曲事物的本质，不会夸大事情的不利面。他们知道世界运作的原理，明白人人都有优点和弱点，也知道如何去克服人性的弱点和发挥人性的优点。

第五，拥抱正能量，消除内心阴暗面。我们每天都会接触到各种负能量，当你状态不佳时就很容易让负能量入侵，这就是你需要修炼的时候，要尽量缩短将负能量转化为正能量的时间。你可以通过一系列的训练方法，提升我们内在的信任、豁达、愉悦、进取等正能量；规避自私、猜疑、沮丧、消沉等负能量。

第六，运用正能量，搭建你的人脉圈。我们在人际交往中常常有这样的体验：和某些人打交道，能让你感觉"活着真好"，因为他身上富有正能量，和这样的人交往能从他们身上获得正能量，令你感受到那种快乐向上的感觉。而另一些人则相反，因为身上负能量过多，不断地向你传递悲观、绝望、无聊的情绪。

第七，传递正能量，让工作环境变得和谐。做一个正能量的人非常重要，如果周围人都认为你是一个负能量的人，对你的工作和人际关系都是很大的破坏。正能量的人在工作中总是受人欢迎的，因为他拥有让人舒服的交流方式、娴熟的专业技能、坦荡的胸怀、对人的真诚、对事的认真以及人文情怀。

四、自我悦纳，重在厚植心理资本

接纳自我，看似简单的一种行为，我们每个人在生活中或多或少都会在短时间内做到，但要想完全自我接纳，或者说长期保持下去，随着时间推移，不但需要对自我认知不断反思，而且需要找到维持自我悦纳的精神支柱。美国著名学者弗雷德·路桑斯（Fred Luthans）提出了"心理资本"这一概念，所谓心理资本是指个体在成长和发展过程中表现出来的一种积极心理状态，具体表现为：一是在面对充满挑战性的工作时，有信心（自我效能）并能付出必要的努力来获得成功；二是对现在和未来的成功有积极的归因（乐观）；三是对目标锲而不舍，为取得成功在必要时能调整实现目标的途径（希望）；四是当身处逆境和被问题困扰时，能够持之以恒，迅速复原并超越（韧性），以取得成功。由此定义可见，路桑斯将心理资本视为一种个体行动的能量支持和动力支持，并且这种支持通过个体的努力是可开发的，因此赢得了个体的追捧和学习。心理资本的要素（自我效能、乐观、希望和韧性）本是相互独立的一种精神追求和境界，而路桑斯对这些要素进行资源整合和逻辑梳理，从而上升到了理论高度，并且将心理资本与物质资本、人力资本和社会资本视为高效能的四大资本类型。因此，借助于心理资本，自我悦纳能获得源源不断的精神动力。

路桑斯等人将心理资本的要素界定为自我效能、乐观、希望和韧性。而美国心理学家卡洛琳·约瑟夫 – 摩根（Carolyn M. Youssef – Morgan）教授在《心理资本——打造人的竞争优势》一书中将之概括为自信心、乐观、希望、韧性、情绪智力等要素。他们二者一致认为乐观、希望和韧性是心理资本的核心要素。结合中国领导力和积极心理学的研究，将心理资本的要素归纳为信念目标、兴趣志向、精神需求、成就动机、自尊抱负、乐观自信、坚持忍耐、拥有激情和进取担当。

第一，信念目标，信念目标是一个领导者走上成功的基石。领导者威望的展现在于目标追求，这就需要领导者要构建发展愿景，从制度、文化和价值观念等方面塑造目标追求，只有在追求目标的过程中赢得追随者的认同，从而树立起领导威望。领导者的形象塑造需走在前面，形象塑造也是领导者的一个重要信念目标，包括品德高尚、学识过人、真诚待人、公平公正和有胆有谋等。

领导者制定明确的目标引领团队，在完成一个目标的过程中逐步描绘组织和团队未来的愿景，激励、培养团队成员在完成组织目标的同时也提升个人的能力、追求个人的发展与成功。在完成一个又一个任务目标，通过领导者和团队成员的共同努力逐步实现组织愿景目标的过程中，不可能一帆风顺，甚至会有数不尽的艰难险阻。除了个人的行为表率带动作用以外，领导者还要通过阐述组织愿景、构建组织文化、指引团队目标、感召激发追随者成长等手段，培育团队成员树立实现组织目标的信念和信心，进而树立崇高的使命感和责任心，以组织利益为重，将个人的成长与组织的发展紧密联系起来，最终实现组织的成功。同时，领导者通过坚定信念能更好地找到方向和目标。

第二，兴趣志向。领导干部的兴趣志向是其心理资本的重要方面，反映着一个人作为领导所喜欢做的事、喜欢怎样做事和喜欢为了什么做事等方面内容。可从有趣、有情、有志和有成四个方面探讨如何使党政领导干部高兴、轻松、发展和幸福起来，进而激发党政领导干部干事创业的激情和热情，为提高领导效能注入强大动力。具体地讲：领导要高兴起来，关键要有趣。有趣的前提是重视学习，关键是具有良好氛围，基础在于热爱群众。领导干部要轻松起来，关键要有情。对上级有情首在执行，对同级有情要在沟通，对属下有情重在引导。领导干部要发展起来，关键要有志。忠诚是有志的根脉，干净是有志的躯干，担当是有志的繁叶。领导干部要幸福起来，关键要有成。成在立身、为民和兴业上。从以上角度激发党政领导干部的兴趣志向，一定能够促使党政领导干部更好干事创业。

第三，精神需要。人活着不但要有物质需要，还要有精神需要，物质需要是基础，精神需要是导向，真正的快乐在于精神需要。精神，是一种人人无法回避的现实存在，它是由人在生产与生活实践中不断感悟、不断提炼而生成的，并对人的认识与实践活动产生指导和推动作用。它首先是一种内在的价值判断体系，对我们在现实中所遇到的各类事件进行意义的判定或者赋予，从而决定行动及其方向和强度。每个人都有理想，理想与人的内心需要是紧密联系的，真正能唤醒人们理想的是人们内心的需要，一旦人们的内心需要被唤醒了，哪怕心灰意冷也会焕发惊人的热情。领导者能够内在地激励自己与他人的价值观、态度与行为，通过个人感召力和培养下属的归属感，满足其下属的精神需求，以博爱的价值观为基础建立起鼓舞人心的愿景和组织文化，该愿景和组织文化能够激励组织成员在工作中寻找意义和乐趣，且创建与高度发展的组织情境相匹配的忠诚的、高效的工作场所，要满足员工精神需求和精神健康所必需的领导价值观、态度和行为，使组织成员在工作中发现生活与工作的意义，并感受到领导者对他们真正的关怀，从而对组织产生归属感和感激。

第四，成就动机。领导者作为领导活动中影响力的来源主体，是组织行动最重要的动力来源；成就动机作为领导者领导行为的内驱力，是领导干事创业的行为原动力。困难与挫折可以说是走向成功必然要经历的过程，能否应对挑战、战胜困难是事业能否成功的转折点，也是人才能否成长为领导的分水岭。那些成就动机强的人，对于不同意见或者对立观点能够泰然处之，他们能够抗拒公众舆论的潮流，能够为坚持真理而付出个人的巨大代价。领导在一个组织、一个社会群体中无疑占有举足轻重的地位，领导是重要的人，他要说重要的话、做重要的事、解决重要的问题、作出重要的贡献。成就荣誉感的获得是领导价值最重要的体现，这种价值体现也成为领导获得重要感的源头活水，从而为领导干事创业提供不竭的动力来源。在政治领域中，追求更高的职位、更大的权力可以说是身处"权力阶梯"中人们的普遍追求。但是，位子永远不是别人给的，而是自己干来的。更进一步讲，不谋位子、只留青山，更体现了领导干部的追求价值和精神境界。

第五，自尊抱负。领导者不在于权力大小，而在于如何获得社会公众的认可，从而赢得社会的尊重。一方面，领导自尊是赢得社会尊重的一种重要途径。一个领导者如果期望获得社会的尊重，首先需要具有健康稳健的自尊心。自尊心不是与生俱来的，也不是别人给予的，而是在后天的工作、学习与生活中逐渐培养起来的。培养健康稳健的自尊心，既不轻视他人，也不向他人卑躬屈膝，在尊重他人的过程中保持恰当的自尊，在自尊的基础上赢得他人的尊重。另一方面，抱负水平是赢得社会尊重的另一种重要途径。领导者的抱负水平有高有低，其高低主要取决于领导者有无担当。担当，既是时代赋予领导者的崭新使命，也是领导者应有之责，应尽之义务。领导者应当在政治担当、历史担当和责任担当等方面做到有担当、会担当、敢担当、能担当。

第六，乐观自信。乐观自信是心理资本的重要要素之一，一个乐观自信的领导者能够泰然自若地处理好身边的各种关系，解决好各种问题，在困难面前不低头，心怀阳光，普照大地，这种积极的情绪能引导和激励下属"撸起袖子加油干"。提升领导力的关键是乐观自信。自信乐观的领导者善于从社会环境中汲取积极要素来提高组织绩效和党政领导干部的领导力，并且这种积极影响能够感染下属的情绪，从而激发下属的活力和潜能。相反，一个不自信、不乐观的领导者易于杞人忧天，这种不健康的情绪能够传染给身边的追随者，从而塑造一种压抑和焦虑的组织文化，最终影响了组织的绩效和领导力提升。乐观自信是健康人格的重要组成部分，也是一种积极的人生态度。拥有乐观心态的领导者一般都具有健康的人格和豁然开朗的胸襟，因此，在遇到挫折时能大事化小，小事化了，经得起各种考验和关卡。作为心理资本的重要要素，我们要积极的培育党政领导干部乐观自信的心理品质。

第七，坚持忍耐。坚持忍耐的本质是领导韧性。领导韧性说到底是一个领导者的理想信念问题，是领导者成败得失的根本性问题。领导忍耐力是领导水平和领导境界的分水岭，坚持忍耐的领导者能自觉提高领导水平，以身作则，积极引导身边的追随者模仿和学习。因此，忍耐的人格比能力水平更重要、更根本、更具决定性。在培养和选拔党政领导干部的时候，能否选对人，关键要看是否能够坚持忍耐，而不能仅看绩效水平和能力高低。所以，要将挫折当作领导者的一种投资去看待。忍耐是领导心理资本的核心和灵魂，而能经得起挫折考验的领导者必将有良好的忍耐力。具有忍耐人格特质的领导者，在复杂环境中，领导潜能不断得到激发，实现了持续的成长和发展，并实现了领导素质的飞跃和升华，而且，该领导者的领导素质得到了组织承认和社会承认，这实质就是领导人才成长中优势积累的机制在持续发挥作用，这也是领导素质"螺旋式上升"的过程。因此，心理资本是领导者的根本投资。

第八，拥有激情。尽管现代心理学研究已经取得许多举世瞩目的成果，但人类对自身的认识还远远不够。激情，这一存在于内心深处的强大力量，它似乎若隐若现，却又无处不在；它有时让我们欢乐和雀跃，有时又使我们痛苦和忧伤。但相比生机勃勃、色彩斑斓的激情人生，缺乏激情的人生单调乏味，度日如年。领导者是自带光和热的人。激情是领导者最为可贵的品质，是其活力、魅力和感召力的源泉。激情是成就事业的重要心理资本，在通往事业巅峰艰辛、曲折的漫长旅程中，一直伴随成功者左右的，是永不衰退的激情。这种神秘的力量来自内心的呐喊，使命的召唤，困境的磨砺，以及爱的启示，引导着成功者走向梦想的彼岸。激情是组织发展成长的动力源泉，是组织文化的重要组成部分，不能有效激发组织成员的创造激情，就没有理解领导的真谛。激情是政党领导力的显著特征，作为一个成熟的执政党，中国共产党在长期革命和建设实践中，不仅锻造了一支拥有革命斗争激情的队伍，而且形成了崇尚激情的文化特质，这是中国共产党由弱变强，从一个胜利走向更大胜利的重要基因。

第九，进取担当。新时代呼唤进取担当的领导者。进取是"心"，是领导者不甘平庸、勇于突破现实束缚的正向心理状态；担当是"力"，是领导者解决现实问题所表现出的主动接纳、积极有为的能力本领。进取担当需要智慧力量，这种智慧力量是领导者从文化血脉中获取的；是集思广益、从人民群众中获取的；是领导者从实践锻炼中总结归纳的；是领导者从人生经历中体会的；是领导者从学习过程中感悟到的。从心理资本的角度，领导者的进取心可进一步细分为事业心、责任心、忠诚心、关爱心，如何为培育这"四心"提供有效路径，是领导者需要考虑的问题。担当还需要领导者具备"五个力"：能力、动力、毅力、活力和定力，综合这"五力"，才能说领导干部具备解决问题的能力本领。进取担当是"心"与"力"的有机结合，共同构成了领导者心理资本的重要组成部分。

本章测试：积极心理学幸福量表

下面列举了很多简短的题目，请仔细阅读每个题目，然后判断该题所描述的情况与你的真实情形是否相符。1代表"完全不符合"，2代表"不太符合"，3代表"有点符合"，4代表"大都符合"，5代表"完全符合"。

表 9-1　积极心理学幸福量表①

编号	题目	完全不符合	不太符合	有点符合	大都符合	完全符合
1	与很多人在一起我会觉得不舒服。	1	2	3	4	5
2	我总是以乐观的态度去面对生活中的烦恼。	1	2	3	4	5
3	我认为我周围的世界是灰色的。	1	2	3	4	5
4	我讨厌看到镜子中的自己。	1	2	3	4	5
5	我相信我可以让自己喜欢的人幸福。	1	2	3	4	5
6	我在同伴里很有影响力。	1	2	3	4	5

---

① 此量表由南开大学周恩来政府管理学院张阔教授开发。

（续表）

编号	题目	完全不符合	不太符合	有点符合	大都符合	完全符合
7	与同事在一起，我常常充当二流角色。	1	2	3	4	5
8	我不喜欢自己的性格。	1	2	3	4	5
9	我认为大多数同事都很喜欢我。	1	2	3	4	5
10	无论在工作、逛街还是旅行，我都很有安全感。	1	2	3	4	5
11	我觉得自己不像大部分人那样讨人喜欢。	1	2	3	4	5
12	我相信"或者就是幸福"这句话。	1	2	3	4	5
13	我总是连续几天无所事事。	1	2	3	4	5
14	我处理事情的能力很差。	1	2	3	4	5
15	我喜欢参加工作联谊会。	1	2	3	4	5
16	年终考核前总是让我神经衰弱。	1	2	3	4	5
17	我有能力实现自己的理想。	1	2	3	4	5
18	我对未来的每一天都非常憧憬。	1	2	3	4	5
19	我对自己的身高非常满意。	1	2	3	4	5
20	我担心家庭的经济状况。	1	2	3	4	5
21	我长得很帅气/漂亮。	1	2	3	4	5
22	遇到困难时，我总是能得到朋友的支持与帮助。	1	2	3	4	5
23	看上去很多同事都不喜欢我。	1	2	3	4	5
24	我和父母在一起时开心事很多。	1	2	3	4	5
25	只要肯努力，我就能得到成果。	1	2	3	4	5
26	我在交谈时老是怕说错话。	1	2	3	4	5
27	我是一个很受欢迎的人。	1	2	3	4	5
28	在我家里有一种和谐、幸福的气氛。	1	2	3	4	5

（续表）

编号	题目	完全不符合	不太符合	有点符合	大都符合	完全符合
29	我与同龄人相处得不好。	1	2	3	4	5
30	与别人第一次见面，我通常会给别人留下一个好印象。	1	2	3	4	5
31	关于自己的烦恼有口难言。	1	2	3	4	5
32	我总是觉得自己很糟糕。	1	2	3	4	5
33	在集体中我能随意地展现自己。	1	2	3	4	5
34	我能把自己的想法准确地表达出来。	1	2	3	4	5
35	总的来说，我快乐的时候很多。	1	2	3	4	5
36	别人总是故意和我作对。	1	2	3	4	5
37	我相信我的存在对别人是有价值的。	1	2	3	4	5

评分标准

1、3、4、7、8、11、13、14、16、20、23、26、29、31、32、36是反向题，需要反向计分，反向计分方法为，选择1则计为5分，2计为4分，3计为3分，4计为2分，5计为1分。其他题目为正向计分，选择几就计为几分。然后将所有分数相加得到你的主观幸福感的总分。

测试结果分析

非常不幸福（37～105分）：认为自己的自身状况（如自我成长、自我目标实现、自我接受、自我健康、财富、形象等）和社会关系（如家庭关系、室友关系、朋友关系、恋爱关系、师生关系等）与他人比较起来处于较低的地位，和自己的理想差距很大，认为自己以及自己的生活很不完美，而且这种状况难以改变。情绪不稳定，极易体验到消极的情绪。

比较不幸福（106～125分）：认为自己的自身状况和社会关系与他人比较起来处于较低的地位，和自己的理想差距较大，认为自己以及自己的生活不太完美，努力寻求改变，但是效果不佳。情绪不稳定，比较容易体验到消极的情绪。

有点幸福（126～145分）：认为自己的自身状况和社会关系与他人比较起来没有优越感，和自己的理想差距有点差距，有时可能情绪不太稳定，对自己的评价波动性较大，希望自己的生活状况能够有所改变。既能体验到积极的情绪，又能体验到消极的情绪。

比较幸福（146～161分）：认为自己的自身状况和社会关系与他人比较起来处于相对较高的地位，虽然和自己的理想有一定差距，但是认为通过自己的努力是可以达到自己的理想的。生活比较完美，情绪状态比较稳定，很容易体验到积极情绪。

非常幸福（162～185分）：有强烈的幸福体验，非常认可自己的生存状态，对自己有一个非常客观的评价，也许他们在别人的眼中并不是特别幸福，但是这些人能够体会到生活的真谛，从平凡的生活中获得乐趣。

微信扫码

★提升领导干部
素质★加强党员
干部修养
另配文章资讯、
智能阅读向导

参考文献

1. 奚恺元：《撬动幸福》，中信出版社 2008 年版。

2. 卡尔著，丁丹等译：《积极心理学：有关幸福和人类优势的科学》（第 2 版），中国轻工业出版社 2008 年版。

3. 柯瑞妮·斯威特著，段鑫星等译：《认知与改变：CBT 对情绪和行为的积极影响》，人民邮电出版社 2016 年版。

4. 马丁·塞利格曼著，洪兰译：《活出最乐观的自己》，万卷出版公司 2010 年版。

5. 大卫·塞尔旺·施莱伯著，黄钰书译：《痊愈的本能：摆脱压力、焦虑和抑郁的 7 种自然疗法》，中国轻工业出版社 2008 年版。

6. 泰勒·本·沙哈尔著，汪冰、刘骏杰译：《幸福的方法》，中信出版社 2013 年版。

后　记

　　"知人者智，自知者明"。本书从自我认知的角度探索领导干部如何培育和塑造积极向上、健康乐观的心理状态。认知错觉、认知偏差、认知冲突和认知错位往往使得我们遭遇认知陷阱，让我们自知不明。沿着认知——管理——创造的路径，重塑态度、管理期待、自我悦纳，让我们逐渐走向自知多明。领导力就是影响力。通过"自知"和"知人"重塑团队管理，建设蓬勃积极的团队心态，是我们走向卓越领导者的必由之路。本书从自我认知看健康心态的塑造，为领导干部提供了一个可供实践的有益视角和"向内"延伸的不同视野。

　　作为中央党校党建部创新工程项目《中国领导干部心理能力建设丛书》的组成部分，从自我认知角度探讨积极健康心态的培育与建设，是一个与以往有点不同的视角。这样的一个视角来源于我们在北京市委党校（北京行政学院）各级领导干部培训班上的课程交流体会和培训感悟。

　　一直以来，我们在北京市委党校（北京行政学院）各级领导干部和北京市各集团部门开展心理与人格测评，并在此基础上，通过撰写自我认知小传，进行自我认知与职业成长交流等教学流程设计，引导领导干部从认知角度重塑自我、建设团队和推动工作。

这期间，我们积累了非常丰富的生动案例、数据资料和思考感悟。本书每章的开篇案例，均来自于各位领导干部真实、亲历的典型故事，是他们的贡献为本书极大地增加了可读性。书中的诸多思考感悟，也得益于多年来在各级领导干部课程培训中的交流、体会和收获。我们的学习提升，一方面来自于教学相长和学学相长，另一方面更来自于自我成长、自我反馈和自我锤炼。各位领导干部的认知思考和交流碰撞为本书提供了源源不断的滋养。

本书第一、二、三、七、八章由北京市委党校（北京行政学院）领导科学教研部副主任、副教授曹颖撰写；第四、五、六、九章由中央党校党建教研部博士研究生陈宗波撰写。从策划论证、框架设计、呈现形式到书稿修订、反馈调整，本书都得到了中央党校（国家行政学院）胡月星教授的全程指导和事无巨细的支持与帮助。作为整套丛书的主编，胡月星教授为本书提出了很多非常有益的建议和闪光思路。作为本书的责任编辑，广东人民出版社的编辑老师们付出了非常多的心血，为本书提出了很多非常细致的修改意见和建议。在此表示最诚挚的感谢和衷心的敬意！

鉴于本书著者个人水平的局限，书中难免有疏漏和不妥之处，恳请大家批评指正！这也是我们今后不断完善的源源动力。

曹　颖

2020 年 12 月于北京